책에서 배운
**부의
공식**

||| 책에서 배운 |||
부의 공식

Read
to
Riches

김남일 지음

"책 좀 읽었을 뿐인데 부자가 됐다!"

머리말

우리는 독서와 재테크는 서로 이질적 존재라고 생각하는 경우가 많습니다. 그러나 제 경험상 독서와 재테크는 결코 동떨어진 것이 아닙니다. 저는 독서를 통해서 재테크 방법을 알게 되었고, 또 재테크를 실천했으며, 지금의 자산을 얻고 1인 지식기업가로 성장할 수 있었습니다. 그리고 여전히 독서와 재테크를 병행하고 있습니다.

저는 20년 차 부동산 마케터이자 10년 차 독서가로서 이 책을 통해 돈 되는 독서를 말하고자 합니다. 만약 독서를 통해 자아의 성장은 물론 재테크에 성공하고 싶다면, 재테크 독서법을 실천해야 합니다.

재테크란 무엇일까요? 저는 수년간 수많은 책을 읽으며 2014

년 부동산 상승 시점에 올라타 자산을 모을 수 있었습니다. 저는 책을 읽으며 책 속의 내용을 재테크로 연결했습니다. 그래서 재테크란 단순히 '돈 버는 기술'이란 협의의 의미에서 벗어나 독서로 자기계발과 학습능력을 키우고, 사업 아이디어를 얻으며, 수익창출 방법을 배워 실행에 성공하는 과정이라고 생각합니다. 독서로 자기 성장을 실현하고, 돈 버는 방법을 익히며, 업무와 여가를 관리해 N잡을 통해 경제적 독립을 만들어가는 과정 모두가 재테크라 할 수 있습니다.

이 책에는 크게 4가지의 주제가 담겨 있습니다.

제1장은 삶을 변화시키는 독서 방법과 돈이 되는 독서법에 대한 이야기입니다.

우리는 각자 어떤 목적을 가지고 독서를 합니다. 그러나 책을 아무리 많이 읽어도 삶이 전혀 변하지 않는 경험을 하곤 합니다. 저 또한 마찬가지였습니다. 그래서 그 이유가 무엇인지 분석하고 하나씩 실천해나가자 삶이 바뀌고 목표했던 것들을 이루기 시작했습니다. 제 자신의 독서 경험을 통해 삶을 변화시키는 독서 방법을 찾아가는 과정과 돈이 되는 독서법을 담았습니다.

제2장에서는 독서를 재테크로 연결하는 5가지 습관을 제시했습니다. 읽기 행위가 어떻게 확장되어 독서와 메모, 글쓰기, 실행

력, 업무 능력 향상, 재테크 습관으로 성장하는지 자세하게 이야기했습니다.

제3장에서는 독서를 재테크로 연결한 7가지 사례를 이야기했습니다. 이 책을 읽는 독자 여러분은 이러한 사례를 통해 독서를 재테크로 연결하는 실천적 방법을 얻을 수 있을 것입니다.

제4장에서는 재테크 불변의 법칙으로 8가지 주제로 정리해 재테크 메타인지, 재테크 지도 그리기, 시드머니, 레버리지, 사이클, 인플레이션, 풍선효과, 인간의 심리를 이야기했습니다.

그리고 마지막 부분에 부동산 투자 시 반드시 확인해야 할 4가지를 넣어 20년차 부동산 마케터로서 성공적인 부동산 투자를 위해 어떤 부동산을 언제 사고 언제 팔아 최대한 이익을 남길 수 있는지에 관해 데이터를 제시하며 자세하게 설명했습니다.

재테크 분야는 반성과 성찰, 변화가 필요합니다. 세대별 재테크법과 실천 방법, 종잣돈 또는 투자금액의 증가, 실제 투자 사례의 다양성 등 점점 진화해가야 합니다. 그러기에 독서도 재테크도 조급해하고 꾸준히 노력하지 않으면 실패할 가능성이 큽니다. 자산이 일정 부분 커지면 관리의 영역이 중요해집니다. 부자들이 독서를 꾸준히 하는 이유는 독서를 통해서 부를 이루고 관리해 더 큰 부를 만들 수 있다는 것을 알기 때문입니다.

인간의 수명이 길어지면서 재테크와 노후 대비는 선택이 아닌 필수가 되었습니다. 여유로운 삶을 위해서는 정서적 안정과 든든한 자산이 뒷받침되어야 합니다. 그런 점에서 독서는 이 두 마리의 토끼를 함께 잡을 수 있도록 이끌어주는 존재입니다.

독자 여러분도 '돈 되는 독서'를 통해 독서와 재테크 두 가지를 한꺼번에 성공하시기 바랍니다.

머리말 004

○ 제1부 ○
책을 읽고 자산을 만드는 재테크 독서법

제1장 독서로 지식과 자산 두 마리 토끼 잡기

01 독서는 경제적 자유를 위한 강력한 도구다 016
02 열심히 독서를 해도 왜 삶은 전혀 변화가 없을까? 021
03 당신이 책을 읽는 목적은 무엇인가요? 024
04 투자를 위한 최고의 간접경험은 독서다 027
05 한 권의 책에서 한 가지를 실천하는 루틴을 만들자 030
06 독서가 돈이 되는 시대가 열렸다 033
07 독서를 재테크로 연결하는 재테크 독서법 037

제2장 독서로 재테크하는 습관 만들기

01 책을 가까이하는 8가지 방법 046

02 독서를 습관으로 만드는 10가지 방법　　　　　　　　　050
　　　TIP 책을 어떤 순서로 읽으면 좋을까?
03 독서 중의 메모는 글쓰기를 위한 자산이 된다　　　　059
　　　TIP 독서 노트 쓰는 법
04 독서는 어떻게 글쓰기가 되는가?　　　　　　　　　　064
05 지속적인 글쓰기를 위한 효과적인 방법　　　　　　　068
06 책을 읽고 하나씩만 실행해도 삶이 달라진다　　　　071
07 실행을 습관화하는 5가지 방법　　　　　　　　　　　076
08 자신의 일과 전문성을 재테크의 발판으로 만들자　　081
09 자신에게 맞는, 지속 가능한 재테크 파이프라인을 만들자　091
10 부동산 투자를 위한 4가지 재테크 습관 만들기　　　098

○ 제2부 ○
부의 파이프라인을 만드는 재테크 실전편

제3장 독서로 부동산 투자와 N잡 재테크 하기

01 부동산 투자의 핵심은 타이밍이다　　　　　　　　　118

02	아파트 투자의 4가지 정석	124
03	부동산 투자를 결정하는 5가지 요소	131
04	브런치 카페 창업을 통해 알게 된 자영업의 현실	135
05	임대수익 만들기, 오피스텔 투자	143
06	이기는 오피스텔 투자법	147
07	가장 손쉬운 부동산 투자는 분양권 투자다	150
08	분양아파트 투자의 3가지 방법	153
09	미분양 판촉을 부동산 매수와 투자 기회로 삼자	160
10	정보를 활용해 부동산 매매의 우월적 지위를 이용하자	164
11	당신에게 집은 어떤 의미인가요?	167
12	자신만의 노하우와 경험이 있다면 강의를 적극 활용하자	173
13	독서로 N잡 하기, 독서모임 만들기	179

제4장 재테크 불변의 법칙

01	성공적인 재테크를 위한 필수요소, 메타인지	186
02	인생, 독서, 재테크는 방향이 중요하다	191
	TIP 나의 인생지도 그리기	
03	시드머니, 1000만 원부터 시작해보자	200
04	레버리지는 필수이지만 독이 될 수 있다	205

05	성공적인 투자를 위해 사이클을 정복하자	211
06	사람들의 욕망과 불안감을 역이용하자	217
07	풍선효과로 인한 투자의 이동을 사전에 파악하자	223
08	인플레이션 시기에는 자산시장에 투자해 인플레이션을 방어하자	228
09	부동산 투자 시 반드시 4가지를 확인하자	233

부록 _ 책 속의 책 LIST　　　　　　　　　　　　　　　243

Read
to
Riches

제1부

책을 읽고 자산을 만드는 재테크 독서법

제1장

독서로 지식과 자산 두 마리 토끼 잡기

01
독서는 경제적 자유를 위한 강력한 도구다

세상은 끊임없이 변화하고 있다. 기술의 발전, 사회 구조의 변화, 경제의 부침 등 현대 세계는 그 어느 때보다도 빠르게 변하고 있다. 이러한 변화 속에서 인간의 삶도 다양한 양상을 보이고 있다. 하지만 아무리 시대가 바뀌어도 변하지 않는 것들이 있다. 시간이 흘러도 변하지 않는 원칙이나 진리는 존재하며, 이러한 것들은 우리가 삶을 살아가는 데 있어 중요한 기준이 된다. 독서도 이러한 변하지 않는 가치 중 하나다.

인류의 역사는 끊임없이 변화를 겪어왔지만, 그 속에서 변하지 않는 본질적인 요소들이 있다. 예를 들면, 인간의 본능적인 감정들, 예술과 창조에 대한 열망, 진리와 지혜에 대한 추구 등은 변하지 않는 가치로 남아 있다. 무엇보다도 진리와 지혜에 대한 인간의 갈망은 시대를 초월해 존재해왔다. 플라톤, 아리스토텔레스와 같은 고대 철학자들이 추구했던 진리와 지혜는 오늘날에도 여전히 인류에게 중요한 가치를 지니고 있다. 인간은 기본적으로 진리를 알고자 하는 욕구를 갖고 있으며, 이를 통해 세상을 이해하고, 자신의 삶을 이끌어가는 기준을 세우고자 한다.

이러한 불변의 가치 중에서도 독서는 진리와 지혜를 탐구하는 가장 중요한 도구 중 하나다. 독서는 인간이 축적해 온 지식과 지혜를 전달해 삶을 개선하고 성장시킬 수 있는 방법을 제공한다. 이는 디지털 시대에도 변하지 않는 독서의 가치다. 또한 인공지능과 같은 최신 기술도 인간의 창의성을 완전히 대체할 수는 없으며, 독서는 이러한 창의성을 유지하고 발전시키는 데 중요한 역할을 한다.

또한 독서는 재테크를 위한 강력한 도구가 될 수 있다. 많은 사람이 재테크의 필요성을 느낀다. 그런데 어떻게 해야 하는지, 어디서부터 시작해야 하는지 잘 모르는 경우가 많다. 그래서 동영상 강의를 듣거나, 오프라인 부동산·주식 강연회, 투자 모임에 참여해 공부를 하기도 한다. 하지만 이런 방법들은 시간의 제약과 비용이 많이 든다는 단점이 있다. 그러나 독서를 통해 최소한의 비용으로 언제 어디서나 쉽게 재테크를 공부할 수 있다. 책을 통해 간접경험을 쌓아 합리적으로 재테크를 실천하는 방법이다.

  나는 인생의 가장 힘든 시기에 책을 접하게 되었고 책을 통해서 실제로 수익을 얻고 자산을 일굴 수 있었다. 또한 독서모임 운영자, 자기계발 및 부동산 컨설턴트, 작가, 강연가, 가드너, 투자가로 꿈을 하나씩 이뤄가고 있는 중이다. 이 모든 것의 중심에는 책이 있었고, 독서를 생활화하며 책에서 얻은 지식을 재테크로 연결해 실천했기 때문에 가능한 일이었다.

  경제적 자유는 수많은 사람이 추구하는 목표 중 하나다. 그러나 이를 달성하기 위한 구체적인 방법은 사람마다 다르다. 독서는 재테크의 한 방법으로서 경제적 자유를 이루는 데 큰 도움이 될 수 있다.

  독서는 경제적 지식과 원리를 이해하는 데 많은 도움을 준다. EBS 다큐프라임의 《자본주의》나 모건 하우절의 《돈의 심리학》과 같은 책들은 재테크에 대한 기본적인 원리부터 복잡한 투자 전략에 이르기까지 경제적 자유를 이루기 위한 다양한 지식을 제공한다. 독자들은 이러한 책들을 통해 자신의 재정 상태를 개선할 수 있는 구체적인 방법들을 배울 수 있다.

  하지만 독서의 진정한 가치는 단순히 지식을 습득하는 데 그치지 않는다. 독서는 우리의 사고방식을 변화시키고, 새로운 가능성을 탐색하는 데 도움을 준다. 예를 들어, 김승호 작가의 《돈의 속성》과 같은 책은 단순히 돈을 버는 방법을 가르치는 것이 아니라, 성공적인 사람들의 사고방식과 태도를 소개하고 있다. 이를 통해 독자들은 자신도 이와 같은 성공을 이룰 수 있다는 자신감을 얻을 수 있다. 이것은 독서를 통한 바람직한 간접경험이다.

나는 한때 조합장직을 1년간 맡았고, 사임 후 법률 분쟁에 휘말리면서 정신적으로 매우 어려운 시기를 겪었다. 수백억 원의 연대보증으로 인한 투자 기회 상실, 조합원들의 민원, 조합장을 그만둔 이후 형사 고소와 민사소송의 피고인으로 2년이 넘는 시간 동안 큰 고통을 겪어야 했다. 그때 구본형 작가의 《익숙한 것과의 결별》, 최윤섭 작가의 《그렇게 나는 스스로 기업이 되었다》라는 책을 읽으면서 자신감을 얻고 어떤 일을 해야 할지 방향성을 찾을 수 있었다.

이 두 책은 우리는 결국 직장 및 급여와 같은 익숙한 것과의 결별을 통해 스스로 삶의 주체가 되어 변화를 모색하고 주도적으로 삶을 개척해야 한다는 점을 강조하고 있다. 개인이 하나의 기업처럼 사고하고 행동하며 스스로 가치를 창출할 수 있는 '1인 기업가 정신'에 대해 이야기하고 있다.

나는 이 두 책을 통해 독서 경험을 사업 아이템으로 삼을 수 있지 않을까 라고 생각하게 되었다. 그리고 이러한 생각은 결국 새로운 사업 기회로 이어졌다. 그 뒤 5년이란 시간이 흘러 1인 지식기업가로 '부동산마케팅연구소'를 창업하게 되었다. 이 일은 나에게 경제적·시간적·공간적·관계적 자유를 가져다주었다.

이처럼 독서는 경제적 자유를 이루기 위한 지식을 습득하고, 성공적인 사고방식을 개발하는 데 매우 중요한 역할을 한다. 물론 책을 읽는다고 단숨에 변화하는 것은 아니다. 반드시 자신의 아이디어와 실행력이 뒤따라야 한다. 하지만 한 가지 중요한 사실은 독서를 통해 얻은 지식과 투자 감각은 우리가 경제적 자유를 향해 나아가는 데 있어 중요한 발판이 된다는 점이다.

책 속에는 무한한 가능성과 기회가 숨어 있으며, 이를 통해 우리는 자신만의 길을 찾고, 그 길을 따라 걸어갈 수 있는 지혜와 용기를 얻게 된다. 특히 경제적 자유를 향한 여정에서는 다양한 장애물과 유혹, 도전이 존재한다. 이러한 상황에서 독서는 우리에게 필요한 지식을 제공하고 문제를 해결하는 데 필요한 창의적인 아이디어를 찾는 데 도움을 준다. 또한 실제 성공 사례를 읽으면서 나도 할 수 있다는 자신감을 얻고, 계속해서 도전할 수 있는 동기부여를 받는다.

우리는 경제적 자유를 이루어야 시간적 자유, 공간적 자유, 관계적 자유를 확보할 수 있다. 독서는 경제적 자유를 얻기 위한 가장 손쉽고 효율적인 방법이다. 결국 독서와 재테크의 궁극적인 목적은 자유로운 삶이다. 정확한 목적지에 도착하기 위해서는 언제나 본질을 잊지 않아야 한다.

02
열심히 독서를 해도
왜 삶은 전혀 변화가 없을까?

괴테는 《파우스트》에서 "인간은 노력하는 한 방황한다"라고 말했다. 이 문장을 접하기 전까지 나는 내가 왜 방황하는지 그 이유를 몰랐다. 나는 독서의 중요성을 알기에 책과 함께하는 시간을 계속 늘려갔다. 독서 노트를 만들어 필사를 하고, 책에 대한 소감을 열심히 적었다. 글을 잘 쓰고 싶은 생각에 글쓰기 모임에도 나가고 유료 책 쓰기 강좌도 들었다. 그런데 문제는 아무리 노력해도 일상에 큰 변화가 없었고, 늘 불안하고 방황하는 것이었다.

그 이유는 가장 중요한 실천이 빠졌기 때문이다. 나는 2010년부터 3년 동안 다양한 자기계발 책을 읽었는데, 1년에 평균 100

권 넘게 읽었다. 그러나 내 삶은 전혀 변화가 없고 늘 똑같았다. 직장생활은 여전히 불안했고, 앞날은 불투명해서 삶의 비전을 찾을 수가 없었다. 바뀌지 않는 삶에 지쳐가면서 독서 열정도 점차 사그라들었다. 이때 이런 의문이 들었다. 왜 독서를 열심히 해도 삶이 변하지 않는 것인가?

그리고 그 이유를 깨닫게 되었다. 바로 독서에도 방법이 있다는 것이다. 수년간 책을 읽고서 깨달은 사실은 삶을 변화시키기 위해서는 효율적 책 읽기가 필요하다는 점이다. 효율적 책 읽기란 자신이 처한 상황과 필요에 맞게 책을 선택해 문제해결에 필요한 부분을 먼저 골라 읽고 실행하는 적극적 독서를 말한다. 이런 독서법을 '액티브 리딩'이라고 한다.

액티브 리딩은 독자가 단순히 텍스트를 읽는 것을 넘어 적극적으로 질문하고, 생각을 정리하며, 메모하면서 읽는 독서법이다. 이는 독서 중에 자주 멈춰서 내용을 반추하고, 생각을 정리하거나 추가 자료를 찾아보는 과정을 포함한다.

이 방법은 책을 더 깊이 이해하고, 읽은 내용을 자신의 지식 체계에 통합하는 데 도움이 된다. 예를 들어, 자기계발서를 읽는 사람은 액티브 리딩을 통해 책에서 제시된 방법들을 자신의 삶에 어떻게 적용할지 구체적으로 생각해 볼 수 있다. 단순히 책의 내용을 흡수하는 것이 아니라 각 장에서 얻은 교훈을 메모하거나, 그 교훈을 실제로 적용할 수 있는 방법을 생각해 보는 과정을 통해 독서는 생산적인 활동으로 바뀌게 된다.

그래서 만약 독서를 아무리 열심히 해도 삶에 전혀 변화가 없다면 방법을 바꿔보자. 얼마나 많은 책을 읽는지보다 중요한 것은 책을 어떻게 읽느냐 하는 과정이다. 몇백 권의 책을 읽는 것보다 자신에게 필요한 책을 깊이 읽고 받아들여 삶에 반영할 때 현실도 개선될 수 있다.

03
당신이 책을 읽는 목적은 무엇인가요?

왜 책을 읽는가? 이런 질문을 스스로에게 해본 적이 있을 것이다. 나는 2011년부터 본격적으로 책을 읽기 시작했다. 여기서 책이라 하면 교과서와 참고서, 전공 서적과 자격증 관련 책을 제외한 모든 종류의 책을 말한다. 학생이 된 이후로 30년 동안은 시험을 위한 책만 읽었지만, 이때부터 진짜 독서를 시작했다. 그 이유는 직장생활의 스트레스를 책으로 풀기 위해서였다. 당시 나는 직장생활이 너무 힘들고 불안했다. 2010년도 부동산 시장은 침체기에서 헤어날 기미가 없었고, 많은 시행사와 건설사들이 힘든 시기였다. 그때 유행한 말이 "회사 그만두고 카페나 해볼까!"였다. 직장인들의 고뇌가 이 한 문장에 함축되어 있었다.

이 시기에 내가 독서를 시작한 동기는 현실 도피였다. 2008년 미국 투자은행 리먼브라더스의 파산으로 시작한 세계금융위기는 한국의 부동산 시장을 침체의 늪에 빠지게 했고, 그 여파로 많은 건설 및 부동산 회사가 파산했다. 나는 이 시기에 두 번의 권고사직을 당했다. 대학원 졸업 후 5년간의 첫 직장생활은 쫓겨나듯 이직을 선택당했다. 그때가 2008년 여름이었고 경력직으로 인정받던 때여서 이직에 큰 어려움은 없어 대한민국 최고의 부동산 개발회사에 하반기 공채 경력직으로 채용되었다. 그런데 입사 4개월 만에 또 권고사직을 당했다.

세 번째 이직한 회사는 규모가 작았다. 하지만 연봉도 올랐고, 대표의 신임을 받아서 여러 가지 일을 내가 주도해서 할 수 있었다. 막 시작하는 부동산 개발회사여서 사업 기획부터 협력사 선정 관리까지 많은 것을 직접 만들고 기안해 회사의 틀을 만드는 데 기여했다. 그런데 이마저도 4년을 가지 못했다. 급여가 밀리기 시작했고, 또 회사가 힘들어졌다. 소규모 시행사의 인력구조는 대부분 역피라미드 형태다. 일하는 실무자는 적고, 결정하는 또는 보여주기식의 불필요한 일을 시키기만 하는 임원이 많은 구조다. 부동산 시장의 침체 속에서 회사의 부채와 자금난은 커져만 갔고, 급여 지급이 밀리는 상황 속에서 직장 상사와의 갈등은 증폭되어 갔다.

이때 우연히 김영혁 외 공저 《우리 카페나 할까》란 책을 알게 되었다. 이 책을 통해서 커피, 카페, 창업, 인테리어에 관심이 생겼다. 그래서 이와 관련된 책을 하나둘 주문했다. 주말에 책을 읽으며 그 장소와 분위기를 생각해 보면서 내 카페를 갖고 싶은 마음이 커져갔다. 서울의 유명한 카페를 찾아가 보고 그곳에서 책을 읽거나 노트에 메모하는 횟수가 많아지면서 내 마음에 큰 변화가 찾아왔다. 직장생활로 인한 스트레스가 사라지고 있었던 것이다. 책을 읽을 때는 회사 일을 잊고 책에 집중할 수 있었다. 두 번의 권고사직과 이직, 비전 없는 직장생활의 막막함에서 현실을 도피하고자 선택한 것이 책이었지만, 책은 내게 큰 위로가 되었다.

그렇게 매주 두세 권의 책을 주문해서 읽고 주말이면 책에 나온 장소를 직접 찾아다니는 일이 재미있고, 또 일상에서 큰 환기가 되었다. 또한 독서를 통한 간접경험은 앞으로 내가 나아가야 할 길에 대한 나침반이 되어주었다.

04
투자를 위한 최고의 간접경험은 독서다

책에는 우리에게 도움이 되는 지식은 물론 인류의 지혜까지 담겨 있다. 책을 읽는 것은 그 지식과 지혜를 내 것으로 만드는 것과 동시에 간접경험을 쌓는 일이다. 보편적으로 간접경험을 할 수 있는 방법은 책을 읽거나, TV·영화·유튜브 등 영상물을 시청하거나, 타인의 경험담을 듣는 것이다. 이 중에서 가장 손쉽고 실용적인 간접경험은 독서다. 독서는 책 속의 이야기를 통해 우리가 직접 경험하지 못하는 다양한 사람들의 삶, 사건, 문화, 역사 등을 이해하고 체험하게 해준다.

나는 책을 간접경험의 도구로 최대한 활용한다. 어떤 지역이나 도시를 방문한다거나 여행 계획을 세울 때 그 지역에 관한 책을 여러 권 읽는다. 전주와 군산 여행을 했을 때 책을 통해서 관광 정보와 맛집, 도시 구조, 도시개발계획 등을 미리 공부했다. 이렇게 사전에 공부를 하고 여행을 가면 투자가치가 있는 땅과 아파트가 저절로 보인다. 미리 본 책의 내용과 도시의 지리정보가 연상작용을 하기 때문이다.

나는 부동산 투자를 할 때 언제나 책을 통해서 투자 포인트를 발견했고, 또 투자 결정에 도움을 받았다. 2013년 서울에 처음 집을 장만할 때는 이현정 작가의 《나는 돈이 없어도 경매를 한다》를 읽고 지금이 집값이 가장 낮을 때고, 2014년 이후 상승세로 돌아설 것이라는 판단을 내리는 데 도움을 받았다. 또 김영혁 외 공저 《우리 카페나 할까》를 읽고는 카페창업에 대한 입지 선정, 인테리어, 운영 방식, 메뉴 개발 등을 참고하고 카페 창업을 계속 머릿속에 그렸다. 그리고 4년 후 브런치 카페를 오픈했다. 미분양이 많았던 지방 도시가 2019년부터 아파트 가격이 본격적으로 상승해 부동산 투자 기회가 올 수 있음을 김기원 작가의 《빅데이터 부동산 투자》, 김학렬 작가의 《대한민국 부동산 사용 설명서》 등의 책을 통해서 알 수 있었다.

또한 2021년 이일훈·송승훈 작가의 《제가 살고 싶은 집은》, 김정운 작가의 《바닷가 작업실에서는 전혀 다른 시간이 흐른다》를 읽으며 전원주택을 지을 생각을 하게 되었고, 내가 살고 싶은 집은 어떤 것을 담을지 먼저 계획을 세울 수 있었다.

부동산 투자를 할 때 현장답사는 필수요소다. 그러나 모든 지역을 답사하는 것은 어렵고, 또 시간과 비용을 고려할 때 효율적이지 않다. 그런 점에서 재테크 관련 책을 먼저 읽고 투자 지역과 물건을 간접적으로 경험해 보는 것은 매우 유용한 전략이다.

또한 책을 통한 간접경험이 좋은 점은 가장 저렴한 비용으로 실수 또는 실패할 확률을 낮출 수 있다는 것이다. 부동산 투자는 자기자본 투입이 크거나 많은 대출이 필요하기 때문에 신중할 필요가 있다. 먼저 책을 통해서 투자 철학과 본인만의 투자 기준점을 세우고, 종잣돈(seed money)을 모으는 전략이 필요하다. 또한 경제경영, 금융 관련 책을 통해서 부동산 사이클을 이해하고, 투자 시점과 지역 선정 등 본인의 시각으로 투자를 결정하는 안목이 필요하다.

05
한 권의 책에서 한 가지를 실천하는 루틴을 만들자

 나는 본격적으로 독서를 시작하기 전에는 어떤 것을 계획하고 실행하기까지 많은 고민으로 오랜 시간이 걸렸다. 한마디로 실행력이 매우 부족했다. 하지만 책을 읽으면서 미루기 습관, 관망하는 습관, 계획만 하는 습관들이 실행으로 바뀌기 시작했다.
 우리는 책을 읽으며 지식을 얻고 삶이 변화되기를 기대한다. 그런데 생각만큼 실행에 옮기는 것이 쉽지 않다. 머리로 아는 것을 실제 행동으로 옮기는 것은 큰 노력이 필요하기 때문이다. 나도 처음에는 단순히 읽는 독서에 그쳐 삶에 변화가 없었지만, 유근용 작가의 《일독 일행 독서법》을 읽고 인사이트를 얻어 실천을 생활화하는 계기가 되었다. 그는 독서광이자 독서 경영 컨설팅 CEO로 사람들과 책으로 소통하는 일을 하고 있다.

《일독 일행 독서법》에서는 독서를 이렇게 정의한다. "조승연은 '책은 대화예요'라고 말한다. 스티브 잡스가 쓴 책을 읽는다는 것은 그와 단둘이 앉아서 이야기를 나눈 것과 같다고 했다. 또 베스트셀러 작가 고정욱은 '독서는 인생 예술입니다. 먼저 산 사람들이 내가 이러한 실수를 했고 이러한 고생을 했으니 너희들은 그런 거 하지 마라라고 써놓은 게 바로 책입니다'라고 말한다."

나는 독서란 '실천이다'라고 생각한다. 앞에서 말했듯이 처음에는 수년 동안 몇백 권을 읽었지만 삶에 변화가 없었다. 그때는 책을 읽기만 하고, 생각과 계획만 있을 뿐 실천이 없었다. 우리가 실행을 하지 못하는 이유는 우선 귀찮기 때문이다. 그러나 무엇을 행동으로 옮기기 위해서는 동기부여가 필요하다. 그런데 책을 읽다 보면 어느 시점에 이런 생각이 든다. '나는 책을 왜 읽는 것일까?' 그러면 자연스럽게 이에 대한 답을 찾아 나서게 된다. '지금 내가 하는 일에서 개선할 부분은 무엇일까?', '책을 읽으면 인생이 바뀐다는데 왜 나는 그대로지?' 이런 질문들을 통해 답을 찾아 나서게 되고, 현실의 문제점을 제대로 인식하게 되면 행동으로 옮겨 실천하는 과정으로 이어진다.

<u>중요한 것은 독서 그 자체가 아니다. '독서를 통해 무엇을 할 것인가'에 대한 질문을 계속 던지고 스스로 답을 찾아가는 과정</u>

이 중요하다. 나는 이런 생각의 흐름을 유지하는 작은 실천부터 실행에 옮겼다. 그 결과 독서는 나를 '매일 읽고 쓰고 달리는 실행하는 사람'으로 변화시켰다.

어떤 관심 분야가 생기면 그와 관련된 책들을 찾아서 읽고, 읽으면서 키워드 중심으로 메모해보자. 현장답사가 필요하면 현장을 방문하고 관계자 인터뷰를 해서 종합적으로 판단해보자. 책으로 간접경험을 먼저하고 실행할지 말지를 결정하는 것이다. 이런 과정이 느리고 답답할 수 있지만 실수를 줄일 수 있다. 그리고 확신이 들면 신속하게 실행할 수 있는 추진력이 생긴다. 독서는 곧 간접경험이며 실천이다.

06
독서가 돈이 되는 시대가 열렸다

 보통 재테크라고 하면 대부분 사전적 의미를 떠올린다. 즉 부동산, 주식, 펀드 투자, 그리고 최근 위험 부담이 높은 가상화폐 투자 등을 생각한다. 하지만 내가 생각하는 재테크는 개념이 더 넓다. 나도 초기 독서 과정에서는 독서를 통해서 협의의 재테크 공부를 하면서 부동산 투자로 자산을 모을 수 있었다. 하지만 독서의 범위와 영역이 넓어지면서 재테크의 방법도 다양해졌다. 공통점은 책을 읽고 아이디어를 얻거나 따라 하면서 월급 외 부가적인 소득을 얻고 자산을 증식하는 데 도움이 되었다는 점이다.
 독서를 통해 수익을 창출하는 방법은 매우 다양하다. 다음은 독서로 돈 버는 몇 가지 방법과 그에 대한 실제 사례다.

첫째, 도서 리뷰를 작성하고 추천 도서를 판매하는 방법이 있다. 독서 후 자신의 블로그, 유튜브 채널, 인스타그램 등의 SNS에 리뷰를 작성하고, 해당 책을 구매할 수 있는 링크를 제공하는 방법이다. 이때 제휴 마케팅을 통해 링크를 클릭해 구매가 이루어질 경우 일정 수수료를 받을 수 있다. 또 이러한 활동을 통해 다양한 마케팅 채널을 통해서 홍보 제휴가 들어오게 된다. 자신의 SNS 채널에 도서리뷰나 책 관련 콘텐츠가 쌓이면 출판사 등과 연계 홍보가 가능해 수익이 발생할 수 있다.

최근 몇 년간 유튜브와 같은 플랫폼에서 '북튜버'들이 크게 주목받고 있다. 성공 사례로는 유튜브 채널 '겨울서점'을 운영하는 김겨울씨다. 이 채널은 책 소개, 리뷰, 독서 습관 등의 이야기를 중심으로 운영되며, 구독자 수가 29만 명이 넘는다. 북튜버는 출판사와의 협업을 통해 책 홍보 영상을 제작하거나, 자신의 영향력을 통해 광고 수익을 창출한다. 또한 이들은 독서와 관련된 강연, 굿즈 판매, 독서모임 운영 등을 통해 추가적인 수익을 올리기도 한다.

둘째, 전자책 및 출판 인세 수익이다. 자신만의 독서 경험, 분석, 노하우를 담은 도서나 전자책을 제작해 판매하는 방법이다. 많은 전문 독서가들이 자신의 독서 방법론, 책 추천 리스트 등을 담은 책을 출판해 수익을 창출하고 있다.

셋째, 유료 독서모임 운영이다. 독서모임이나 클럽을 운영하며 회원들로부터 회비를 받거나, 스폰서십을 통해 수익을 창출하는 방법을 말한다. 오프라인 또는 온라인상에서 다양한 독서 클럽이 활성화되어 있으며, 특히 전문가가 진행하는 프리미엄 독서 클럽은 높은 회비를 받기도 한다. '트레바리' 독서모임은 높은 참가비용을 내야 하지만 차별화된 운영방식으로 큰 성공을 거두었다. 트레바리는 다양한 주제의 책을 읽고 토론하는 소모임을 제공하며, 이 과정에서 멤버십 비용을 통해 수익을 창출한다. 독서와 인간관계를 접목한 이 비즈니스 모델은 '독서가 돈이 되는' 대표적인 사례로 꼽힌다. 그만큼 독서모임에 참가하고 싶은 수요가 많은 것을 보여준다.

넷째, 강의 및 워크숍으로 수익을 만들 수 있다. 독서 방법, 비평, 작가에 대한 깊이 있는 분석 등을 주제로 한 강의나 워크숍을 개설해 수강료를 받는 방법이다. 대학이나 평생교육원, 온라인 교육 플랫폼에서 독서와 관련된 강의를 제공해 수익을 창출한다.

MBC 드라마 PD 출신인 김민식 PD는 자신의 독서 경험을 바탕으로 한 강연으로 유명하다. 그는 독서를 통해 얻은 창의력과 성공 경험을 기반으로 자기계발 및 창작 활동에 관한 강연을 진행한다. 독서 습관을 유지하는 방법부터 글쓰기에 대한 조언까지 다양한 주제로 청중과 소통하며, 이 강연은 기업, 학교, 공공

기관 등에서 큰 호응을 얻고 있다. 그의 독서 및 글쓰기 워크숍도 매우 인기가 높으며, 강연료와 저서 판매를 통해 수익을 올리고 있다.

다섯째, 독서 관련 콘텐츠 제작 및 판매다. 독서 일기, 플래너, 북마크, 독서 관련 앱 개발 등 독서를 돕는 다양한 콘텐츠나 제품을 제작해 판매하는 방법을 말한다. 독서 플래너나 북마크 등을 디자인해 온라인상에서 판매하는 개인이나 소규모 스타트업들이 있다. 또한 독서 기록 앱을 개발해 앱 내 구매, 광고 등을 통해 수익을 창출하는 사례도 있다. 이러한 아이디어는 정부 지원 사업에서도 인기가 있어 투자를 유치할 수 있다.

이처럼 독서는 더 이상 단순한 취미 활동에 머무르지 않고, 다양한 방식으로 사업화되면서 경제적 가치를 창출하는 수단으로 자리 잡고 있다. 독서 플랫폼, 독서모임, 큐레이션 서비스, 오디오북, 강연 등 다양한 독서 관련 비즈니스 모델이 발전하고 있으며, 독서가 돈이 되는 세상을 실현해가고 있다.

07
독서를 재테크로 연결하는 재테크 독서법

 나의 독서 단계는 3단계로 발전했는데, 여기에 결부시켜 재테크도 3단계로 발전했다. 독서의 범위가 넓어지면서 재테크의 범위도 넓어졌다는 의미다. 독서를 통해서 다양한 분야의 책을 읽고 간접경험이 확장되면서 재테크의 범위도 넓어진 것이다.
 <u>1단계는 독서를 재테크로 연결한 과정이다.</u> 2010년 말부터 시작한 독서는 간접경험을 늘리는 계기가 되었다. 도시·건축·공간에 관한 책들을 위주로 읽으며 책에 나온 장소를 가보고 체험하면서 이 분야에 눈을 뜨기 시작했다. 커피에 관심이 생기면서 카페창업과 공간, 인테리어, 장사에 관한 책들을 집중적으로 읽었다. 그리고 바리스타 2급 자격증을 공부해 취득했다. 또 저

자 북토크와 특강, 세미나 등에 참석해 책에 나온 내용을 현장에서 직접 체험하면서 카페창업에 대한 확신을 얻을 수 있었다.

2단계는 독서를 하면서 메모와 기록으로 남겼다. 예를 들어 《우리 카페나 할까》를 읽고 있다고 하자. 책만 읽고 부럽다는 생각만 하면 남는 것이 없다. 나는 노트에 다음과 같은 많은 메모를 남겼다. 내가 카페를 한다면 어떨까, 어떤 콘셉트의 카페를 만들까, 장소는 도심이 좋을까 교외의 전원풍이 좋을까, 어느 정도 규모로 하지, 나는 책을 좋아하는데 북카페로 할까, 처음엔 운영 노하우가 부족하니 프랜차이즈 카페로 알아보는 것은 어떨까, 수입구조는 임대료와 인건비 등 지출을 빼면 얼마나 남을까, 메뉴 개발, 인력, 청소 등 운영 관리를 내가 다 할 수 있을까, 마음 맞는 지인과 공동 창업 및 운영을 하는 방법은?, 가상의 수익구조를 엑셀로 짜 봐야겠다 등등.

이렇게 책을 읽으며 떠오르는 생각들을 그때그때 메모해 두었다. 그리고 이 메모들을 바탕으로 짧은 글을 작성해 블로그에 올렸다. 이후에 블로그는 내 카페를 홍보하는 수단이 되었고, 블로그에 단편적으로 작성한 글들이 하나둘 모여 책 집필에 도움이 되었다. 단순한 책 읽기를 넘어 메모와 독서 기록으로 남겼기 때문에 수익 창출로 연결될 수 있었던 것이다.

3단계는 일독 일행을 실천했다. 한 권의 책을 읽으면 최소한 한 개 이상을 꼭 실천으로 옮겼다. 이 방법은 실천하는 삶, 습관 만들기에 매우 유용하다. 나는 독서를 하면서 독서 노트를 작성하는 습관을 갖게 되었다. 독서 노트에는 제목, 저자, 출판사, 독서 날짜, 한 줄 요약, 핵심 문장, 실천하기, 키워드 이렇게 8가지를 필수항목으로 적어놓았다.

이들 중에서도 가장 중요한 것은 실천하기라고 생각한다. 책을 읽고 실천해야 할 것 한 가지는 꼭 적어 놓고 실행하는 것이다. 예를 들면 다음과 같다. 김익한 작가의 《파서블》을 읽고 독서 노트에 '공유 오피스 한 달간 출근하기, 벌떡 습관 만들기'라고 적었다. 그리고 공유 오피스 자유석 6개월치를 결제하고 매일 아침 6시 50분에 출근해 독서와 글쓰기를 실천했다.

또 유길용 작가의 《친절한 효자손의 티스토리 사용설명서》를 읽고 독서 노트에 '티스토리 블로그 개설하고 20개 글쓰기, 애드센스 신청 승인받기'라고 적었다. 그리고 티스토리 블로그를 개설해 3개월간 20개의 경제·부동산·재테크 관련 글을 작성했고, 구글 애드센스 승인을 신청했다. 또 오상익 작가의 《강연의 시대》를 읽고 소모임 앱을 통해 부동산 재테크 강의를 시작했고, 원하나 작가의 《독서모임 꾸리는 법》을 읽고 처음 독서모임에 참석하고 나서 3년 뒤 직접 독서모임을 만들어 운영하게 되었다.

재테크의 범위는 포괄적이면서도 개인차가 크다. 내 경우 경제, 부동산 관련 서적을 꾸준히 읽고, 부동산 투자와 운영을 통해서 자산을 모을 수 있었다. 그리고 독서의 범위를 넓혀 블로그 글쓰기 및 전자책 출간으로 재테크 영역을 확장했다. 이와 더불어 독서와 재테크를 연결한 강연, 유료 북클럽 운영으로 수익모델을 다각화했다. 그 시작은 필요한 책들을 골라 읽고 메모하면서 실천 항목을 뽑아 실행한 것이다.

재테크 독서는 단순히 경제나 금융 관련 책을 읽는 것을 넘어서 재테크 지식을 축적하고 그것을 자신의 재정 상태를 향상시키는 발판으로 활용하는 방법이다. 이는 책 선정부터 읽기 방법에 이르기까지 체계적인 접근이 필요하다.

우선 목적의식을 갖고 책을 선정할 필요가 있다. 재테크는 매우 다양한 분야를 포괄하기 때문에 자신이 관심 있는 분야와 필요로 하는 지식을 명확히 파악하는 것이 중요하다. 만약 부동산 투자에 관심이 있다면 용어 설명, 시장 동향, 입지 분석, 투자 전략, 각종 투자 사례 등을 다루는 책을 찾아야 한다. 책을 선정할 때는 최신 정보를 담고 있는지 확인하는 것도 중요하다. 재테크와 관련된 시장 상황, 정책, 법률은 빠르게 변하기 때문에 가능한 최신 출판물을 선택하는 것이 좋다. 여기에 출간 연도를 확인하고 해당 연도 또는 시점을 고려해 그때 시황과 현재를 비교하면서 읽을 필요가 있다.

다음으로 저자의 의도 파악이 중요하다. 모든 재테크 서적의 데이터는 과거 자료다. 지난 데이터를 보고 자신의 시각으로 앞날을 예측하는 능력이 필요하다. 또한 데이터에 대한 분석 및 해석의 오류가 있을 수 있다. 저자는 자신의 주장을 뒷받침하기 위해서 데이터를 객관화에 이용하려 한다. 특정 기간의 숫자, 특정 지역 및 집단의 사례 등을 가져다 이용하면서 마치 대세가 그렇게 흘러갈 것처럼 왜곡하기도 한다는 것이다.

서울의 인구는 2014년 약 1,010만 명에서 2023년 약 938만 명으로 계속 줄고 있다. 그래서 서울에 집을 사면 망한다는 논리는 어떤가? 대한민국 총인구가 2024년부터 줄기 시작했다. 그래서 일본처럼 빈집이 늘어날 것이고 아파트 가격은 하락할 것이니 대한민국에서 더 이상 아파트 투자는 끝났다고 하는 주장은 어떤가? 부동산의 10년 주기설 또는 진보 정부 vs 보수 정부가 집권할 경우 부동산이 어떻게 된다고 말하는 의견은 어떤가?

서울의 인구가 줄어든다고 해서 서울의 주택 수요가 감소하는 것은 아니다. 대한민국 인구가 줄어든다고 모든 도시에서 인구가 감소하는 것은 아니다. 가구수는 늘어나고 있고, 새 아파트의 수요는 계속 증가하고 있다. 10년 주기설 또는 진보·보수 정권 때문에 가격이 오르고 내리는 것이 아니라 그냥 우연의 일치일 뿐이다. 그래서 통계의 오류는 이용자의 의도와 편집에 따라 본질이 아닌 마케팅의 이용 수단으로 만들어지고 유통될 수도 있다는 점을 명심해야 한다.

<u>또한 트렌드 파악이 필요하다.</u> 트렌드와 재테크는 긴밀한 상관관계를 갖고 있다. 시대와 경제 상황에 따라 바뀌는 사회적 경

제적 흐름은 투자자의 선택과 행동에 큰 영향을 미치며, 이러한 변화는 부동산을 포함한 재테크의 핵심 요소라 할 수 있다. 트렌드란 특정 시기에 사람들의 관심사, 행동 양식, 소비 성향 등이 일시적이거나 지속적으로 변화하는 경향을 의미한다.

재테크 분야에서도 경제 상황, 기술 발전, 사회적 변화 등 다양한 외부 요인에 따라 투자 전략이나 관심 분야가 지속적으로 변화하게 된다. 이러한 트렌드를 반영한 재테크 책은 독자에게 시대에 맞는 투자 아이디어와 방법론을 제공함으로써 경제적 자유를 달성하는 데 도움을 준다. 따라서 트렌드를 미리 알고 그 분야 또는 공간에 투자하면 성공 확률이 높다. 재테크에는 트렌드가 있고, 이를 다룬 재테크 책도 트렌드가 있다.

예를 들면 다음과 같다. 경제 상황에 따라 고금리 기간에는 예·적금, 펀드, 채권 같은 금융상품에, 금리하락으로 유동성이 증가하는 시기에는 부동산, 주식, 가상화폐와 같은 분야에 돈이 몰린다. 재테크 분야를 부동산으로 좁혀보면 코로나19 팬데믹 기간 사회적 거리 두기가 확산 정착되면서 비대면 택배, 배달 시장의 수요 증가로 물류센터가 급증한 반면, 상업시설은 미분양과 공실률이 매우 높았다. 여기에 2022년 급격한 금리 상승은 수익형 부동산인 오피스텔, 지식산업센터, 생활형 숙박시설, 꼬마빌딩, 상가 등의 수익률 하락 요인으로 작용했다.

이처럼 트렌드의 변화는 상권의 변화에도 영향을 미친다. 재테크 트렌드를 예측하거나 미리 경험한 사례를 담은 책들이 있다. 김난도 교수의 트렌드 코리아 시리즈가 대표적이다. 그 외 《머니 트렌드》 시리즈와 《부동산 트렌드》 시리즈도 읽어볼 만하다. 트렌드 파악에 가장 효율적인 방법은 책을 읽는 것이다.

끝으로 재테크 독서법의 핵심은 본인에게 적용하기다. 재테크를 배우는 초기 과정에서는 현재 읽고 있는 재테크 책의 내용을 그냥 따라 해보는 것을 추천한다. 그다음 어느 정도 지식이 쌓이고 판단력이 생기면 본인이 처한 상황에 맞게 변형해보자. 그리고 성공 사례가 많아지고 시장 예측에 확신이 설 때는 확장해 보자. 투자 범위와 투자 금액을 늘리고 다원화하는 것을 말한다.

최소 1년간은 재테크 마인드 책, 시장분석 책, 투자 사례 책, 현장 실습 책, 실전 투자 책 중심으로 관련 서적을 읽고, 메모하고, 자신에게 적용해 따라 해보는 것이 재테크 독서법이다. 그리고 이 과정을 계속 반복하는 것이다. 단지 봐야 할 책과 재테크 대상 또는 투자 물건만 바뀔 뿐이다.

제2장

독서로 재테크하는 습관 만들기

01
책을 가까이하는 8가지 방법

  10여 년이 넘는 시간 동안 책을 꾸준히 읽으면서 책, 독서와 관련된 일을 준비하고 있다. 처음에는 현실 도피처로, 또 자기계발을 위해 읽던 책이 수익을 가져다주고 사업으로 확장되고 있다. 나는 다음과 같은 8가지 방법으로 책을 더 가까이할 수 있었다.

  <u>독서를 처음 시작했을 때는 관심 분야의 쉬운 책을 위주로 읽</u>었다. 읽다 보니 책에 다른 책이 언급되거나 인용되는 사례가 많다는 사실을 알게 되었다. 그러면 읽던 책에서 저자가 소개한 다른 책 중에 관심이 가는 책을 연결해서 읽었다. 이런 식으로 책을 고르면 실패하는 일이 없다. 전에 읽던 책과 저자가 소개한 책에는 공통적으로 연결되는 부분이 존재하고, 자신이 관심을

갖는 책이기 때문이다.

다음은 읽은 책에서 언급된 장소 또는 공간을 직접 찾아다녔다. 최재봉 작가의 《그 작가 그 공간》을 읽고 파주 출판단지 지지향을 방문해보았고, 염관식·옥미혜 작가의 《낭만을 찾아 떠나는 소도시 감성 여행》을 읽고 전주와 군산을 여행했다. 또 유홍준 작가의 《나의 문화유산답사기》을 읽고 정선 아우라지를 유람했고, 김지혜 작가의 장편 소설 《책들의 부엌》을 읽고 서촌 호모북커스 북스테이를 체험했다.

또 저자를 직접 만나보는 것은 책과 더 친밀해질 수 있는 방법이다. 내가 처음 만난 저자는 《독서모임 꾸리는 법》의 원하나 작가였다. 원하나 작가는 1인 출판사 대표로, 본인의 사무실에서 독서모임도 운영을 한다. 그리고 가장 인상적인 저자는 《비가 오면 열리는 상점》을 쓴 유영광 작가다. 북토크에서 그는 강남역 인근에서 배달일을 하며 새벽 4시에 일을 마치고 버스 쉘터에서 소설을 썼던 자신의 이야기를 들려주었다. 요즘은 도서관이나 책방에서 저자 북토크가 활발하게 열리고 있다. 저자와의 만남은 책에서 읽지 못했던 것을 들을 수 있는 또 다른 형식의 독서라 할 수 있다.

독서 여행도 책과 친해지는 좋은 방법이다. 여행에 책을 동행하는 것 또는 독서가 목적인 여행을 가보는 것이다. 2016년에 제주 올레길을 걸으며 틈틈이 《그리스인 조르바》를 읽었다. 자유롭고 본능적으로 살아가는 조르바를 통해 삶의 진정한 의미와 인간 존재의 본질을 고민하게 되었고, 책에서 깊은 감명을 받아 그리스를 직접 여행하게 되었다. 또 2019년에는 동해 묵호항으로 가는 기차에서 김정운 작가의 《바닷가 작업실에서는 전혀 다른 시간이 흐른다》를 읽으며 나만의 '슈필라움'(Spielraum : 독일어로 놀이(Spiel)와 공간(Raum)의 합성어로, '내 마음대로 할 수 있는 자율의 주체적 공간'을 의미함)을 만들어야겠다고 다짐했다.

여행지의 숙소를 잡을 때는 책 읽기 좋은 분위기의 북스테이를 반드시 넣는다. 하룻밤 묵으며 책의 공간에 둘러싸여 보는 경험은 독서 욕구를 상승시켜 준다. 요즘 한옥 북스테이도 많아졌는데, 한옥의 풍경과 함께 책에 묻히는 경험은 몸과 마음을 편안하게 해준다.

또한 여럿이 함께 읽는 것도 책과 친해지는 방법이다. 독서 권태기가 왔을 때 나는 독서모임에 참여하기 시작했다. 그리고 현재는 매주 1개 이상의 독서모임에 참여하고 있다. 누군가와 대화하고 싶은 욕구를 독서모임에서 책을 주제로 푸는 것은 건전하고 자신의 발전에 도움이 되는 방법이다. 그리고 독서모임을 통해 평소 관심 밖의 책 또는 저자를 접하게 되는 것도 큰 장점이다. 여럿이 대화를 하다 보면 자신의 편견을 깨기도 하고, 독서 시야가 넓어지는 경험을 하게 된다.

그리고 독서와 친해지는 또 다른 방법으로 독서 노트를 써보

자. 독서의 기록은 여러 가지로 유익하다. 나는 독서 노트를 쓰는 것과 블로그에 도서 리뷰와 서평 쓰기를 병행하고 있다. 읽은 책의 내용을 블로그나 인스타그램에 올려 책으로 소통하고, 또 오프라인 모임으로 인연을 맺는 활동이 책을 지속적으로 읽게 되는 원동력이 된다.

출판사 서포터즈로 활동하는 것도 책과 친해지는 방법이다. 서포터즈가 되면 책을 공짜로 선물 받고 책의 홍보 활동을 하게 된다. 이러한 활동은 책을 지속적으로 읽는 동기가 되기도 한다.

책과 친해지는 방법 중 하나는 본인의 책을 쓰는 것이다. 책을 많이 읽다보면 글을 쓰고 싶은 욕구가 생기는 단계가 온다. 주위에서도 독서를 하다가 결국 본인 책을 출간하는 경우를 많이 보았다. 독서 습관이 글쓰기로 이어지질 수 있도록 독서-글쓰기 선순환을 만들어보는 것은 책과 친해지는 가장 좋은 방법이라 할 수 있다.

02
독서를 습관으로 만드는 10가지 방법

나는 독서 습관, 즉 효율적인 책 읽기 방법을 만들고자 독서법, 책에 관한 에세이, 서재, 책방, 도서관, 문구 등 책을 주제로 한 책과 책을 담고 있는 공간에 관한 책 등을 많이 읽었다. 그 이유는 남들은 어떻게 책을 읽는지, 어떤 책을 좋아하는지, 어떤 공간에서 책을 읽을 때 집중이 잘 되는지 궁금했기 때문이다. 이렇게 하다 보니 독서를 습관으로 정착시킬 수 있었다. 그 방법은 다음과 같다.

독서 습관 만들기 첫 번째는 책과 친해지는 것이다. 위에서 책과 친해지는 방법 8가지를 말했다. ①읽기 쉬운 책, 관심 분야의 책, 실용서 위주로 먼저 읽어 나갈 것. ②책에 언급된 장소와 공간 찾아가기. ③저자와의 만남. ④독서 여행. ⑤독서모임에서 함께 책 읽기. ⑥독서 기록 남기기. ⑦출판사 서포터즈로 활동하기. ⑧본인의 책 쓰기를 사례로 들었다.

두 번째, 독서가 습관이 되려면 독서가 즐거워야 한다. 10년 넘게 독서를 이어올 수 있었던 이유는 독서 초창기에 나를 성장시켜 줄 책이 아니라 즐겁게 해주는 책을 선택했기 때문이라고 생각한다. 독서 습관 만들기의 1등 공신은 바로 '즐거움'과 '설렘'이었다. 새 책을 주문하고 기다리는 설렘과 기대감, 손에 만져지는 책의 촉감과 내용에 대한 호기심이 내게는 언제나 큰 즐거움이었다.

세 번째, 모든 책은 직접 골라서 돈을 주고 사는 것이다. 나는 새 책이든 헌 책이든 읽고 싶은 책은 전부 구매한다. 자신의 돈이 투입되어야 책에 애정도 생기고 읽어야 한다는 의무감도 생긴다. 내 것이란 소유욕은 책 읽기를 습관화하는데 큰 도움이 될 수 있다. 사놓고 더 재미난 책에 밀려 못 읽고 있던 책도 언젠가 서가에서 보이면 읽게 된다.

네 번째, 항상 책을 들고 다닌다. 좋아하는 사람, 물건은 항상 곁에 두고 싶은 것처럼 책과 동행하면 심심하지 않고 지루할 틈이 없다. 지하철을 기다리며, 또는 카페에서 약속 시간까지 남은 시간에 나는 책을 펼쳤다. 그러다 보니 어느 순간 그것이 당연한 일상이 되었다. 그리고 그 과정에서 만족감을 느낄 수 있었다.

SNS의 끝없는 스크롤에서 느껴지는 공허함 대신 한 페이지를 넘길 때마다 작은 성취감이 쌓여 갔다. 그러면서 점차 책을 들고 다니는 범위를 넓혀갔다. 출퇴근 가방에는 언제나 책이 들어 있었고, 사무실 책상 한쪽에도 책이 쌓여 있었다. 이렇게 책과 함께하는 시간이 늘어날수록 짧은 대기 시간이나 자투리 시간이 더 이상 허비되는 시간이 아닌 독서의 기회로 바뀌어 갔다. 독서 습관의 지름길은 책을 가까이 두는 것이다.

다섯 번째, 읽은 책을 주변에 자랑한다. 읽은 책 또는 읽던 책을 주변 사람에게 말하고 대화의 소재로 삼는 것이다. 독서는 저자와의 대화뿐만 아니라 주변인과의 대화 주제로 매우 좋은 소재거리다. 물론 상대방을 가려야 할 때도 있다. 독서도 낯가림이 있음을 인지하고 때와 장소와 사람을 가려서 대화하면 독서 습관 만들기에 제격이다. 이 방법은 책을 오래 기억하는 데도 큰 도움이 된다. 책을 소개하고 자랑하고 책 이야기를 자주 나눌 수 있는 사람을 찾고 곁에 두자.

여섯 번째, 책에서 언급된 또는 소개된 책을 읽는다. 책을 읽다 보면 책 속에 다른 책을 인용했거나 저자가 소개하는 책들이 언제나 나온다. 이것은 마치 보물 지도처럼 새로운 책의 세계로 인도한다. 책 속에 언급되는 다른 책들의 제목을 적어놓고 리스트를 만들어보자. 이런 습관은 자신의 독서 범위를 체계적으로 늘려준다.

나는 이런 방식으로 발견한 책들이 단순한 추천 목록에서 찾은 책들과는 다른 깊이를 가지고 있음을 알게 되었다. 그것은 맥락이 있는 추천도서였기 때문이다. 이러한 독서 방식은 마치 지식의 계보를 따라가는 여정과도 같다. 현대 소설가가 언급한 고전 문학을 읽으며 그 영향 관계를 발견하는 것, 과학자의 저서에서 소개된 다른 분야의 연구를 찾아가며 지식의 통섭을 체험하는 것, 이 모든 것이 독서를 더욱 풍성하게 만든다. 결과적으로 책이 책을 부르는 독서 습관이 만들어지는 것이다.

일곱 번째, 좋아하는 작가를 따라가며 읽으면 독서 습관이 저절로 생긴다. 나는 김훈 작가를 좋아하는데,《칼의 노래》를 처음 읽었을 때 완전히 빠져들었다. 그의 문체와 이야기 전개 방식, 그리고 독특한 세계관에 매료되어 나는 자연스럽게 그의 다른 작품들을 찾아 읽기 시작했다.《자전거 여행》에서《연필로 쓰기》로, 다시《라면을 끓이며》로 이어지는 일상을 소재로 한 산문도 좋았고,《칼의 노래》에서《남한산성》으로 또《하얼빈》으로 이어지는 독서는 마치 작가의 문학 세계를 탐험하는 여행과도 같았다. 한 작가의 작품을 연속해서 읽는다는 것은 단순히 이야기를 소비하는 것을 넘어선다. 작품과 작품 사이에서 발견되는 공통된 주제, 발전해가는 문체, 그리고 시간에 따라 변화하는 작가의 시선을 발견하는 것은 특별한 즐거움이다.

이처럼 좋아하는 작가의 작품을 따라 읽는 것은 가장 자연스러운 독서 습관을 만드는 방법이다. 이미 신뢰하는 작가의 작품이기에 새로운 책을 선택하는 부담이 적고, 작가의 세계를 더 깊이 이해하고자 하는 호기심이 다음 책으로의 즐거운 여정을 이끈다. 그것은 마치 오래된 친구와 대화를 이어가는 것처럼 편안하고도 의미 있는 독서 경험을 선사한다. 관심 작가들을 만들고 그들의 세계를 따라가다 보면 독서 습관이 생기지 않을 수 없다.

여덟 번째, 나만의 독서 장소를 만드는 것이다. 저마다 독서에 집중하기 좋은 장소, 책을 읽고 싶은 공간이 있다. 나는 세종시에 지은 전원주택 2층 운필각 서재에서 책 읽기를 가장 좋아한다. 여러분만의 독서 장소를 만들어보길 추천한다. 동네 카페, 출근길 지하철, 업무 출장차 가는 기차 안, 해외로 떠나는 비행기, 여행지의 호텔, 온통 책으로 둘러싸인 책방이나 도서관 등 어느 곳이나 좋다. 조용히 혼자서 집중할 수 있는 공간은 독서 습관 만들기에 최적의 장소다.

아홉 번째, 좋아하는 문구류를 소장하는 것이다. 책을 읽다 보면 표기하고 싶고, 몇 자 적고 싶은 생각이 들 때가 있을 것이다. 독서에 어울리는 또는 책 읽기를 부추기는 문구류는 독서 습관에 딱 어울리는 단짝이다. 책을 좋아하는 사람들은 공통점이 있는데 문구류를 좋아한다는 것이다. 연필, 색연필, 연필깎이, 필통, 만년필, 문진, 책갈피, A5 노트, 포스트잇, 독서대 등을 갖추고 독서를 해보자. 책을 읽을 맛이 더 올라감을 느낄 것이다.

열 번째, 여러 종류의 책을 동시에 돌려가며 병렬독서를 하는 것이다. 이 방법은 독서 습관이 어느 정도 몸에 배었을 때 시도하면 좋다. 책 읽기가 지루하거나 집중력이 떨어질 때는 여러 권의 책을 돌려가며 읽으면 독서 효율이 높아지고 집중력을 발휘할 수 있다. 나는 나루케 마코토 작가의 《책 열 권을 동시에 읽어라》를 따라 했는데 실제로 효과가 좋았다. 그리고 개그맨 출신 사업가 고명환 작가의 10쪽 독서법도 시도해볼 만하다. 그는 《이 책은 돈 버는 법에 관한 이야기》에서 하루에 10쪽씩 30권의 책을 한 달에 다 읽는다고 밝혔다. 그는 10쪽은 누구라도 집중해서 빠르게 읽을 수 있기 때문에 독서를 지속하게 만드는 원동력이면서 독서 습관 만들기에도 유리하다고 말했다.

책 읽기 습관은 하루에 몇 시간 읽기, 1년에 몇 권 읽기처럼 시간과 분량을 정해 놓고 목표에 매진하는 것이 아니라 책 읽는 즐거움을 쫓아 마음이 가는 곳으로 따라가보고, 독서의 경험과 기술이 쌓이면서 만들어지는 과정이라고 생각한다. 지금 독서를 시작하는 초보 reader라면 조급해하지 말고, 남들과 비교 경쟁하는 마음을 버리고 책 자체에 빠져들어보자.

책을 어떤 순서로 읽으면 좋을까?

독서는 순서가 없다. 어떤 책을 먼저 읽어야 하고, 어떤 순서로 독서가 발전해간다는 등의 지침이 필요가 없다. 그런데 독서모임을 하다 보면 많은 사람이 "어떤 책부터 읽어야 해요?", "어떤 순서로 독서를 하면 좋은가요?"와 같은 질문을 하곤 한다. 그럴 때면 나는 "관심이 있거나 흥미 가는 분야의 쉬운 책부터 사서 읽어보세요"라고 말한다. 특히 사서 읽어보라고 강조한다.

그러면 또 이렇게 묻는 사람도 있다. "저는 관심 가는 분야도 흥미로운 것도 없는데요. 어떻게 하죠?" 이때 나는 "돈 벌고 싶지 않으세요?"라고 물어본다. 그러면 상대는 대부분 "그야 당연하죠"라고 대답한다. 나는 "돈에 관한 책, 재테크에 관한 책을 읽어보세요"라고 하면서 잘 읽히는 쉬운 책을 추천해준다.

내 경우에는 4가지 분야의 책을 다음과 같은 순서로 읽었다. 돈 재테크에 관한 책, 자기계발에 관한 책, 삶에 관한 책, 책에 관한 책이다.

2011년경 독서 초보 시절, 나는 '돈 재테크에 관한 책' 위주로 책을 읽기 시작했다. 커피, 카페, 창업, 인테리어, 장사, 경제, 주식, 부동산, 투자, 도시, 건축, 공간, 시장분석, 부자 등 이런 주제의 책이 대부분이었다.

이런 책들을 열심히 읽다보니 자연스럽게 '자기계발 관련 책'으로 독서가 이어졌다. 습관, 건강, 태도, 인간관계, 업무, 시간관리, 성공, 마케팅 등과 연관된 책들이다. 자기계발서는 대부분 비슷비슷하다. 읽을 때는 나에게도 변화가 올 것 같고, 발전과 성장을 기대하게 한다. 하지만 수십, 수백 권의 책을 읽어도 큰 변화도 발전도 성장도 없었다. 그냥 책만 읽으며 마음의 위로를 받는 정도였기 때문이다. 그래도 책에서 주장하는 정보들은 쌓여갔다.

실천이 없이 자기계발서를 읽다 싫증을 느끼면서 '삶에 관한 책'에 관심이 가기 시작했다. 에세이, 인문학, 여행, 역사, 소설들이다. 아버지를 따라 지리산에 갈 때면 아버지는 조정래 작가의 《태백산맥》에 관한 이야기, 빨치산이 활동했던 장소에 대해서 말씀해 주셨다. 지칠 때, 방향이 흐려질 때, 우울하고 힘든 시기에는 《그리스인 조르바》, 《칼의 노래》, 《연금술사》, 《삶의 한가운데》를 다시 읽었다. 그 후로 소설과 에세이는 항상 가방에 넣고 다니는 책이 되었다.

  이 시기를 지나 '책에 관한 책'을 즐겨 읽기 시작했다. 특히 읽고 쓰는 법, 작가의 사생활, 책 공간 등 책과 독서에 관한 에세이를 탐독했다.

  그러나 이 시기가 지나면서 4가지 분야의 책들을 섞어서 읽기 시작했다. 특히 독서모임에 참석하면서 독서의 범위가 넓어졌고, 읽는 책 종류도 다양해졌다. 지금까지 읽고 소장한 책들을 정리해보니 돈 재테크에 관한 책 483권, 자기계발에 관한 책 316권, 삶에 관한 책 556권, 책에 관한 책 241권으로 총 1,596권이다. 내 서재에 가득 차 있는 이 책들은 돈으로 환산할 수 없는 나의 가장 큰 자산이다.

03
독서 중의 메모는 글쓰기를 위한 자산이 된다

책을 많이 읽다보면 결국 글쓰기 단계로 나아간다. 나는 독서를 통해서 글쓰기 방법을 배우고, 쓰는 습관을 만들었다. 네이버 블로그에 북리뷰를 비롯해 브런치스토리 글쓰기를, 티스토리 블로그에 경제·부동산·재테크 주제로 글을 올리고 있다. 효율적인 독서를 하고 싶어서 책을 읽으며 메모하는 습관을 일상화했고, 메모 노트가 모여 글이 되면서 글쓰기 습관이 만들어졌다. 다음은 독서가 어떻게 글쓰기 습관으로 발전했는지 그 과정이다.

책을 읽고 독서 노트를 쓰는 사람이 많다. 사람마다 독서 노트를 쓰는 이유는 다르겠지만 궁극적으로 책의 내용을 오래 기억하고 싶기 때문일 것이다. 그리고 생각의 확장을 통해 다양한 아이디어를 얻기 위해서일 것이다. 나는 신정철 작가의 《메모 독서법》이라는 책을 통해 '메모 독서법'을 배우게 되었다. 《메모 독서법》은 독서를 통한 변화를 희망하는 독자라면 꼭 읽어볼 만한 책이라고 생각한다.

이 책은 제1장 메모 독서 준비 단계부터 제7장 메모 독서 경험 리뷰까지 총 7장으로 구성되어 있다. 저자는 이 책의 활용법도 친절하게 안내해주고 있다. 이 책의 내용대로 '메모 독서 실천 7주 과정'을 실천해볼 것을 권한다. 나는 이 책을 읽고 체계적으로 메모하는 습관을 기르게 되었다. 독서가 가져온 가장 큰 변화는 글쓰기가 재밌어진 것이다. 책을 읽다가 이런저런 생각이 떠오르면, 독서 노트에 메모를 했다. 이런 메모들이 모여 보고서, 제안서, 사업계획서, 책 쓰기 등에 활용되고 있다.

메모 습관의 핵심은 어떤 생각이 떠올랐을 때 바로 적어 두는 것이다. 바로 적지 않고 나중에 적어야지 하는 순간 떠올랐던 아이디어는 대부분 휘발되고 만다. 그래서 순간순간 키워드 중심으로 적어 두는 방법을 추천한다.

위에서 언급한 《메모 독서법》에서는 독서를 통한 메모 습관 만들기 5단계를 다음과 같이 소개하고 있다.

1단계는 '책에 메모하기'다. 책에서 중요한 부분에 밑줄을 긋고, 색을 달리해 중요도를 분류한다. 책의 여백에 질문을 쓰고, 답을 찾는다.

2단계는 '독서 노트 쓰기'다. 중요한 문장, 기억하고 싶은 문장을 필사한다. 떠오르는 생각과 질문을 적는다. 독서 노트를 다시 읽는다.

3단계는 '독서 마인드맵 작성하기'다. 키워드를 뽑고, 범주화를 통해 계층형 목록을 만든다. 색상이나 기호로 강조 표시를 해둔다.

4단계는 '메모 독서로 글쓰기'다. 질문을 찾고, 핵심 문장을 쓴다. 그리고 글의 설계도를 그린다.

5단계는 '메모 독서 습관 만들기'다. 규칙적으로 읽는 습관을 기른다. 독서모임에 참여한다. 완벽하게 쓰려고 하지 않는다.

나는 《메모 독서법》을 읽으며 저자의 방법을 똑같이 따라 했다. 책을 읽는 동안 떠오르는 생각과 질문을 메모했다. 책을 읽는 도중에 해야 할 일이 떠오르면 체크박스에 할 일을 메모하고 실행하면서 체크박스를 지워나갔다. 그 결과 책 내용을 옮겨 적는 수준의 수동적 독서 노트 작성에서 점차 생각과 의견, 견해를 밝히는 능동적 글쓰기로 바뀌어갔다.

독서 노트 쓰는 법

사람마다 독서 노트 쓰는 법이 다르겠지만, 여기서 한 가지 방법을 소개해보고자 한다.

나는 가운데 스프링이 있는 노트를 사용하고 있다. 오른쪽 페이지는 '독서 일지'로, 왼쪽 페이지는 책을 읽으며 떠오른 아이디어와 메모를 써놓은 '생각 일지'로 사용한다. 읽은 책의 기본 정보를 독서 일지 상단에 책 제목, 저자, 출판사, 독서 날짜순으로 적는다. 그리고 하단에 책을 읽고 난 간략한 소감을 한 줄 평, 핵심 문장, 실천하기, 키워드까지 한 줄로 기록한다.

여기서 중요한 점은 하나의 책을 읽으면 최소한 한 가지를 실행하는 '실천하기'를 적어보는 것이다. 독서가 삶에 도움이 되기 위해서는 반드시 실천이 필요하다. 그리고 아래부터는 책을 읽으며 필사하고 싶은 단어나 문장을 페이지와 함께 써 내려간다.

독서 노트의 왼쪽 페이지에는 책을 읽을 때 떠오르는 생각들을 적는다. 예를 들어 집필 중인 책 제목의 일부 소재가 생각나서 메모해 놓거나, 사업 기획에 반영할 아이디어, 누구에게 어떤 내용을 연락할지, 여행지나 방문할 곳, 소설에 대한 구상, 협업이 필요한 단체나 대상자의 설득 방법, 어릴 적 추억들, 공모전 글쓰기 일정 및 아이디어, 여행 계획, 독서모임에 관한 것 등 다양하게 적어놓는다.

우리는 하루에도 수많은 생각을 한다. 캐나다 퀸스대 조던 포팽크 박사는 '인간이 하루 평균 6,200번의 생각을 한다'는 연구 결과를 발표했다. 잠자는 8시간을 빼면 1분에 6.5번의 생각 전환이 일어난다는 것이다.

책을 읽을 때도 머릿속에서는 이런저런 생각이 스쳐 지나간다. 독서 노트를 펴 놓고 책을 읽는 이유는 책 내용과 연관되어 떠오르는 순간의 생각을 메모하기 위해서다. 노트에 기록하는 순간 생각은 내 것이 되어 또 다른 생각으로 가지치기를 하며 확장해 나간다. 그것은 어떤 문제에 대한 해결 방법일 때도 있고, 설득하거나 제안해야 할 아이디어일 때도 있다.

글을 쓸 때 독서 노트에 기록한 단순한 메모들은 중요한 자료가 될 수 있다. 또한 독서 노트를 보면 책의 내용뿐만 아니라 그때 느꼈던 감정까지 떠오르는 장점이 있다.

04
독서는 어떻게 글쓰기가 되는가?

독서는 어떻게 글쓰기로 연결될 수 있을까?

<u>가장 먼저 책은 구입해서 읽는다.</u> 책을 구입해서 읽으면 좋은 것은 밑줄도 긋고 메모도 하면서 책을 자기 것으로 만들 수 있다는 점이다. 메모 독서법이 가능하다. 또한 보고 싶거나 필요할 때는 언제든 꺼내 볼 수 있다.

나는 책을 사서 보는 이유 중 하나가 가족에게 유산으로 남겨 주고 싶기 때문이다. 물론 요즘처럼 세대 간 격차가 커지고, AI가 실생활에 사용될 미래에 책은 골동품이 될 수도 있다. 하지만 책이 가득한 서재에 책상, 만년필, 독서 노트와 메모장, 내 이름으로 출간한 책을 자식들에게 물려준다면 그 어떤 것보다 큰 유

산이 될 거라고 믿는다. 《삼자경》의 마지막은 다음과 같이 말하고 있다. "사람들은 자식에게 남기길 금이 상자에 가득하게 하지만 나는 자식을 가르칠 오직 하나의 경이 있다. 부지런하면 성공을 하게 되고 놀기만 하면 유익함이 없으니 이를 경계하여 힘쓰고 노력해야 한다." 나는 부모로서 자녀에게 돈이 아니라 서재라는 자산을 남겨주고 싶다. 책은 소중한 유산이다.

다음은 관심 분야 책 서너 권을 함께 읽는다. 예를 들어 '글쓰기 관련 책'이라면 남들이 추천하는 책 중에서 읽기 쉽고 따라 하기 어렵지 않은 책 위주로 몇 권을 고른다. 그리고 동시에 집중적으로 읽는다. 유사한 주제로 여러 권을 함께 읽으면 좋은 점이 있다. 중복되는 부분은 건너뛸 수 있어 책 읽는 속도가 빨라질 수 있다. 그리고 여러 권의 책에서 주장하는 공통점과 차이점을 비교할 수 있어 어떤 내용에 대해 정리되는 효과가 크다. '아 이런 거구나' 하는 깨달음과 명료하게 정리되는 느낌을 받을 수 있다.

그리고 책 읽기가 덜 지루하다. 읽던 책이 지루하다고 느껴질 때는 다른 책을 집어 들고 관심이 가는 부분부터 읽어보자. 같은 주제의 책이라서 상호 보완적이고 지식의 연결성이 유지된다. 여러 권을 동시에 같이 읽는 것은 일정 부분 독서 습관이 생겼을 때 효과가 있고, 실용서 또는 자기계발서 위주로 읽을 때 유익하다.

세 번째는 읽으며 필요한 부분에 밑줄을 긋거나 메모하는 등의 표식을 남기는 것이다. 나는 책을 읽을 때 자와 연필을 들고 읽는 습관이 있다. 여기에 형광펜과 북마크, 포스트잇, 독서 노트를 항상 지참한다. 독서의 기록이 남아 글쓰기로 연결되는 환경을 만들고 싶기 때문이다.

네 번째는 블로그 글쓰기다. 블로그 글쓰기가 중요한 이유는 내 글이 독자에게 노출된다는 것이다. 누군가에게 읽히기 위한 글쓰기 연습에 블로그 글쓰기는 매우 유용하다. 작고 하찮은 경험이라도 자주 써서 공개하는 연습이 필요하다. 이뿐만 아니라 글쓰기 공모전에 독후감, 에세이, 소설, 시 등을 출품해 보는 것을 추천한다.

나는 생활체육 이야기 공모전에 '매일 읽고 쓰고 달리기로 했다'란 주제의 글이 당선되어 상금 50만 원을 받았고, 〈KSPO 매거진〉 '꽃보다 운동 러닝 편'에 인터뷰가 실리기도 했다. 그리고 직장에서 업무와 관련한 글쓰기로 '부동산 위클리 리포트'를 매주 작성했다. 한번은 내가 쓴 '구미 부동산시장과 대기업 공장의 해외 이전'이란 주제의 글이 신문사 기자의 눈에 띄어 기사로 인용 보도되기도 했다. 자신의 업무와 전문성을 살린 글쓰기는 수익을 가져오고, 개인의 브랜딩에도 큰 도움이 된다는 장점이 있다.

다섯 번째는 책 쓰기다. 앞에서 언급한 독서 메모와 독서 노트의 내용을 기반으로 목차를 구성하고 내용을 채우면 책을 만들 수 있다. 책을 읽으며 떠오른 조각난 생각들을 한 곳에 모으고 살을 붙이면 글이 되는 것이다. <u>독서 중 떠오른 다양한 생각들을 포스트잇에 메모해 같은 주제로 분류하고 모아 놓은 '독서 카드'를 활용하는 것도 좋은 방법이다.</u> 김정운 작가의《에디톨리지》에 언급된 독서 카드 작성 및 활용법과 같은 원리다.

독서가 글이 되는 과정에서 책 쓰기는 독서를 통해 얻은 지식과 경험을 체계적으로 정리하고, 자신만의 관점으로 재구성하는 핵심적인 활동이다. 이렇듯 독서는 다양한 아이디어를 얻게 해주고 또 사고의 폭을 넓혀준다. 그리고 책 쓰기는 이러한 생각들을 논리적이고 구조적으로 풀어내는 과정이다. 독서 중에 쌓인 통찰과 영감은 책 쓰기를 통해 하나의 일관된 이야기가 되고, 독자로 출발한 책읽기가 결국 작가로서의 글쓰기 여정으로 들어서게 한다.

05
지속적인 글쓰기를 위한 효과적인 방법

글을 쓸 때 처음 시작은 누구나 어렵다. 한글파일의 깜빡이는 커서를 보고 있자면 갑자기 넘치던 생각이 사라지는 경험을 많은 사람이 해보았을 것이다.

그래서 처음에 제목부터 적고 파일명을 저장해보자. 나는 보고서나 제안서를 작성할 때 이렇게 하는 습관이 있다. "시작이 반이다"라는 말처럼 써야 할 제목을 적으면 글쓰기를 시작한 것이나 다름없다. 그리고 써야 할 주제와 관련된 알고 있는 모든 것을 쏟아내어 작성해본다. 순서는 상관없다. 그냥 생각나는 대로 적어 내려간다. 나는 이때 타이머를 이용하곤 한다. 15분 또는 30분으로 시간을 설정해 놓으면 집중력이 상승한다. 그리고 그 시간 동안 포기하지 않고 쓰면 뭐가 되든 써지게 된다. 마감을 활용한 방법이다.

그다음은 <u>용어나 개념에 대한 정의 내리기</u>로 한 꼭지 더 작성해본다. 깊이 있는 글을 쓰기 위한 기술 중 하나가 정의 내리기다. 정의 내리기에는 사전적 의미만을 말하는 것이 아니라 글쓴이만의 정의가 있다. 글쓰기에서 특정 사안에 대한 정의 내리기는 자신의 평소 생각, 가치관 등이 반영되기 때문에 같은 단어라 해도 사람마다 이해가 다르다는 것에서 출발한다. 그리고 글쓰기의 목적에 따라 정의 내리기도 달라질 수 있다. 글의 목적은 작가의 의도를 드러내는 것이다. 스스로 선을 긋고 그 범위 안에서 정의하는 식으로 써나간다.

<u>여기에 경험이나 들은 이야기 또는 인용문을 찾아 글쓰기에 보탠다.</u> 책에서 본 내용 중에 유사하거나 부연 설명이 가능한 부분들을 인용하는 것은 효과적이면서도 가장 쉬운 글쓰기 방법이다. 이때 <u>독서 노트가 활용된다.</u> 독서 중에 필사한 좋은 문구나 떠오른 생각들을 글쓰기에 가져와서 살을 붙이면 훨씬 충실한 글이 만들어진다.

마지막으로 <u>내일 쓸 거리를 미리 구상해 놓는 것이다.</u> 내일 쓸 분량을 포스트잇 또는 독서 카드에 메모해 노트에 붙여 두었다가 아침 노트북을 켬과 동시에 작성하던 파일을 열어 연달아 거침없이 써가는 것이다. <u>내일 쓸 거리를 미리 구상해 놓는 방법은</u>

지속적 글쓰기에 매우 효과적이다.

　다수의 작가가 이 방법을 쓴다고 한다. 글이 잘 써지는 날이라고 해서 한 번에 다 쓰지 않고, 오늘 쓸 분량만큼만 쓰고 내일 쓸 분량을 남겼다가 이어서 쓴다는 것이다. 막연히 글을 쓰려고 하면 글쓰기가 어렵고 지속성이 떨어지게 된다. 글쓰기의 막막함에서 벗어나는 방법으로 초반부를 미리 써놓고 내일 쓸 분량을 남겨놓으면 글쓰기 주제의 생각이 연상작용을 일으키며 내용이 좀 더 풍부해지게 된다.

06
책을 읽고 하나씩만 실행해도 삶이 달라진다

내가 독서를 통해 실행력을 높일 수 있었던 것은 바로 일독 일행 독서법 덕분이었다. 유근용 작가의 《일독 일행 독서법》을 읽고 나서 나는 '독서는 실천이다'라고 독서를 정의 내렸다. 책을 열심히 읽는 사람은 많지만, 책을 통해 변화하는 사람은 적다. 《일독 일행 독서법》을 보면 유근용 작가는 매일매일 책에서 배운 내용 중 단 하나라도 실천하려고 노력했다. 나쁜 습관을 버리고 좋은 습관을 일상화하려고 힘쓰며, 어제의 부족하고 나태했던 자신을 끊임없이 이겨내려고 노력했다. 이 책의 핵심은 하나의 책을 읽으면 최소한 한 가지는 실천하자는 것이다. 《일독 일행 독서법》에서는 이렇게 말한다.

"책을 읽고 '아, 내용이 좋네!' '와! 이런 방법도 있었구나!' '이렇게 하면 성공할 수 있겠네!'라고 생각만 하는 건 아무런 소용이 없다. 순간의 감동과 열정, 짧은 지식 쌓기로 책 읽기를 끝내서는 안 된다. 무조건 실천이 뒤따라야 한다. 어느 책이나 배울 점이 있고, 그 속에 행동으로 옮겨야 할 숙제가 들어 있기 때문이다. 책 내용이 모두가 알고 있는 뻔한 내용일지라도 말이다. 책을 읽으며 자신의 모자란 부분을 채우고 인생을 변화시키겠다는 의지를 바람 앞의 촛불처럼 꺼뜨려서는 안 된다. 책을 읽었다면 반드시 행동으로 옮기자. 그래야 원하는 인생에 조금씩 다가갈 수 있다."

책을 읽으면 한 번에 목표한 것을 실행할 수도 있고 아닐 수도 있다. 또 실행해서 바로 성과가 나올 수도 있고, 그렇지 않을 수도 있다. 핵심은 우선 시도해보는 것이다.

한번은 '꿈을 찾아가는 사람들의 이야기' 강연에 참석했는데, 그중 어느 출판사 대표가 한 말이 인상적이었다.

"백날 책만 읽으면 뭐 합니까. 나는 무조건 시도해 봅니다. 건강 관련 책을 읽다가 목욕할 때 바디브러쉬나 목욕타월을 사용해 피부를 자극해주면 건강에 좋다고 하길래 바로 마트에 가서 이태리타월을 사다가 욕실에 물 받아 놓고 박박 씻었습니다. 또 책을 읽다가 블로그 마케팅 이야기를 하길래 바로 컴퓨터 켜고 책에서 알려주는 대로 내 블로그를 만들었습니다. 99%의 사람들은 '준비를 더 해서 한번 만들 때 완성도를 높일 거야'라고 실천을 미룹니다. 그러다 말죠. 책을 읽다가 필요하다 싶은 것은 '바로', '지금', '여기서', '그냥' 하세요."

책 읽기를 통해 생각에 변화가 생기고, 어떤 행동을 해야지 라는 필요성을 느낄 때 바로 시도해보면 이게 중요한 것인지, 얼마나 더 지속해야 할지, 누구의 도움을 받아야 할지, 언제 멈춰야 할지 등을 판단할 수 있게 된다. 책을 읽는 것도 중요하지만, 실천은 필수다.

그래서 나는 실행하는 습관을 만들기 위해 책을 읽고 무작정 따라서 했다. 책 한 권을 읽으면 그중에서 최소한 한 가지 이상은 직접 해보자고 마음먹은 것이다. 그리고 해야 할 일을 독서 노트에 적었다. 이들 목록 중 실천한 것도 있고 실천하지 못한 것도 많은데 그중 실천한 사례를 모아보았다.

5월 아침 출근길, 황보름 작가의 《매일 읽겠습니다》을 읽고 2022년 5월 14일 독서 노트에 이렇게 썼다. '매일 읽고, 매일 쓰고, 매일 운동하기.' 그 시절 매일 읽기는 몸에 배었으나, 쓰기와 운동은 매일 하지 못했다. 그런데 지금은 매일 읽고 쓰고 달리고 있다. 나의 정체성이 책 읽는 리더(reader), 글 쓰는 라이터(writer), 달리는 러너(runner)가 된 것이다.

'고수' 시리즈로 유명한 한근태 작가의 《고수의 독서법을 말하다》를 읽고 독서 노트에 '목적이 있는 책 읽기를 하자'라고 썼다. 그 후로 책 읽기에 목적성을 부여하니 실행력이 높아졌다.

홍성태 작가의 《배민다움》을 읽고 '창업하기, 부동산 마케팅 연구소, 출판사 부마연'이라고 썼다. 그리고 2년 뒤 출판사와 1인 지식기업을 창업했다. 국내 최초로 1인 지식기업가의 개념을 만든 고 구본형 작가의 《익숙한 것과의 결별》을 읽고 쓴 독서 노트에는 '내 명함 만들기'라고 적혀 있다. 이 책을 읽고 바로 명함을 만들지는 못 했지만, 몇 년이 흐른 뒤 내 명함을 만들게 되었다.

김상민 작가의 《아무튼, 달리기》를 읽고 독서 노트에 '러닝 크루 가입, 함께 달리기'라고 썼다. 그해 여름 아그레아블 독서모임의 러닝 크루에 등록했고, 5주간 함께 서울 곳곳을 달렸다. 그리고 이 경험을 에세이로 써서 글쓰기 공모전에 출품해 50만 원의 상금을 받았다.

오상익 작가의 《강연의 시대》를 읽으며 '강연 프로그램을 만들어 두 군데 이상 제안하기'라고 썼는데, 1년 뒤 무료 강연을 시작으로 부동산 투자모임에서 유료 강연을 시작하게 되었다. 김익한 작가의 《파서블》을 읽고 '공유 오피스 1개월 결제 후 한 달간 매일 출근하기', '벌떡 습관 만들기'라고 썼다. 그 후로 공유 오피스를 내 사무실 삼아 독서, 글쓰기, 업무미팅, 독서모임 장소로 사용하고 있다.

원하나 작가의 《독서모임 꾸리는 법》을 읽고 처음으로 독서모임에 나갔다. 그리고 3년 뒤 북클럽 '독서와 재테크'를 직접 만들었다. 독서와 재테크를 여러 사람과 함께 실천 중이다.

한정원 작가의 《지식인의 서재》라는 책을 보면서 나도 서재만 있으면 더 많은 책을 읽을 수 있지 않을까 라는 생각을 하게 되었다. 그래서 전원주택을 짓고 2층에 내 서재를 만들었다. 월넛 원목 책상과 책장으로 서가를 꾸몄다. 책이 점점 많아져서 실용서를 제외한 문학 관련 책들을 서재로 옮겼다.

목수이자 작가인 김윤관의 《아무튼, 서재》를 보면 저자는 서재를 단순한 독서 공간이 아닌 자기만의 세계를 구축하고 사유하는 공간이라고 말한다. 그는 이 책에서 서재가 왜 필요하며 어떤 공간인지를 말하고 있다.

위의 일독 일행 사례들처럼 책을 읽고 바로 실행한 것도 있지만 오랜 시간이 지나 실천한 것도 많다. 오랜 시간이 걸려 행동에 옮긴 것들은 마음속 깊은 곳에 소망이 있었기 때문에 가능했다. '일독 일행'을 적극적으로 그리고 꾸준히 실천해보면 삶이 조금씩 바뀌어가는 경험을 하게 될 것이다.

07
실행을 습관화하는 5가지 방법

우리는 알면서도 행동으로 옮기는 것이 결코 쉽지 않다. 술 담배가 몸에 해롭다는 것을 알면서도 끊기가 쉽지 않고, 일찍 자고 일찍 일어나는 것이 좋다는 것을 알면서도 밤에 늦게까지 뭔가를 하다가 아침에 늦게 일어나는 경우가 많다. 또 운동의 필요성을 느끼면서도 작심삼일로 끝나기 일쑤고, 독서가 중요한지 알지만 1년에 책 한 권 읽지 않는다. 이 중에 하나는 누구나 경험해 보았을 것이다.

미국의 철학자 존 듀이는 "우리는 습관의 존재이며, 습관은 인생의 성격을 결정짓는 방식이다"라고 말했다. 습관이 삶의 방향을 결정짓는 가장 중요한 도구라는 의미다.

그런 점에서 실행력을 하나의 습관으로 만들어 일상화한다면 삶을 좋은 방향으로 개선해갈 수 있다. 그렇다면 실행을 습관화하기 위해서 어떤 방법이 있을까?

실행 습관 만들기 첫 번째는 책을 읽으며 질문을 던져보는 것이다. 어떤 분야의 책이든 상관없다. 소설을 읽으면서도 다양한 의문점, 작가에게 물어보고 싶은 것들이 생기게 된다. 질문에 대해 답을 찾거나 생각하는 노력이 결국엔 실천으로 이어진다. 그래서 책을 읽을 때 내용과 연관된 질문이나 생각들을 표기하거나 메모로 남겨놓자. 그리고 독서 노트에 실천 항목 리스트를 적어놓자. 한 개가 될 수도 있고, 여러 개가 될 수도 있는데, 이것들 중에서 본인에게 가장 필요한 또는 시급한 하나를 '실천하기' 항목으로 선정한다.

두 번째는 실천하기 내용을 매일 보는 곳에 써놓는다. 나는 그것을 포스트잇에 적어 모니터 아래 붙여놓고, 또 독서 노트에 써놓는다. 자주 눈에 띄면 '해야지' 하는 마음이 들기 때문이다. 그리고 종종 그 단어 또는 문장을 적어본다. 요즘에는 '한 번에 한 단어씩'이라고 쓰인 포스트잇이 붙어 있다. 매일 글쓰기를 실천하기 위해서다. 정아은 작가의 《이렇게 작가가 되었습니다》라는 책을 보고 정아은 작가가 했던 방법을 따라 한 것이다.

세 번째는 독서 노트의 '실천하기'에 적은 내용을 종종 반복하여 읽는다. 인간은 망각의 동물이기에 기록해 놓고도 잊고 사는 것이 많다. 주기적으로 독서 노트를 다시 읽는 것은 기억력 회복뿐만 아니라 실행력을 높여주는 계기가 된다. 일주일 전, 한 달 전 독서 노트에는 책을 읽고 적어놓은 실천 항목들이 있다. 체크 박스를 만들어 이들 중 실천이 완료된 것에는 완료 표시를 해가는 것이다. 하루에 완료 체크가 될 수도 있고, 5일 후에 완료될 수도 있으며, 1년이 넘어 완료 체크가 되기도 한다. 독서 노트를 10년째 써오면서 실천 또는 실행에 옮긴 것들이 꽤 많다는 사실을 파악할 수 있었다.

일독 일행 독서법이 유익하기는 하지만, 만약 그것에 너무 집착하게 되면 독서가 부담스럽고, 독서를 기피하는 부작용이 생길 수도 있다. 이럴 때는 시간차를 두고 실천하는 것이 바람직한 방법이다.

네 번째는 당장 실행할 것과 오랜 시간이 필요한 실행 항목을 구분하는 것이다. 일독 일행 실천 항목 중에는 단기 실행과 중장기 실행으로 나눌 필요가 있다. 예를 들면 다음과 같다.

나는 자기계발서를 꾸준히 읽는다. 이유는 실천력을 길러주기 때문이다. 혹자는 이런 말을 하기도 한다. "자기계발서는 다 똑같기 때문에 여러 권 읽을 필요가 없다." 나는 개인적으로 이 말에 동의하지 않는다. 자기계발 책뿐만 아니라 책을 읽는 행위는 끊임없는 자극을 받기 위함이다. 비슷한 내용을 주장하는 자기계발서라 할지라도 꾸준히 읽으면 자신을 돌아보는 계기가 되고, 느슨해진 몸과 마음에 경각심을 주어 동기부여가 되기 때문이다. 그러다 어느 순간 깨달은 것을 행동에 옮기게 된다는 점도 중요하다.

아침 시간의 중요성을 다룬 책이 여러 권 있다. 20년 전에 《아침형 인간》을 읽었고, 5년 전 김유진 작가의 《나의 하루는 4시 30분에 시작된다》를 읽었다. 나는 20년 전부터 아침형 인간으로 살고 싶었지만, 작심삼일로 끝나기를 수백 번 반복했다. 그러면서도 비슷한 자기계발서를 읽고 또 읽었다. 이런 과정을 통해 나의 기상 시간을 새벽 5시 30분으로 앞당기게 되었다. 지금은 6시 10분경 집을 나서 6시 50분쯤 사무실에 출근해서 아침 2시간 동안 독서와 글쓰기를 실천하고 있다.

유사한 책, 같은 주제를 다룬 책, 같은 저자의 책이라도 시간 차를 두고 또 읽는 것은 지식을 얻고, 자극(충격요법)을 받으며, 동기부여를 통해 실행력을 키우기 위해서다. 자기계발서는 어떤 분야의 책보다 실천이 필요한 분야다. 내 경우는 일찍 일어나는 습관을 만들기 위해서 20년이란 오랜 시간이 소요되었고, 거기에 매일 읽고 쓰는 습관을 함께 만들었다. 실행하기 습관은 장기적이면서도 여러 가지가 함께 묶여 좋은 습관이 되는 경우가 있다. 오늘 해야 할 일을 하지 못했다고 실망하고 포기할 필요가 없다. 단기 실행 또는 장기 실행으로 구분해 지속적으로 상기하고 실천하며 노력하는 자세가 중요하다.

마지막으로, 지속 가능한 실행 습관을 만들자. 독서도 지속 가능할 때 독서 실력이 늘고, 또 꾸준히 읽으며 동기부여를 통해 삶의 변화가 이루어진다. 지속 가능한 독서는 기록하는 독서로 가능하고, 기록하면 자신이 어떻게 변화해 왔는지 알 수 있다. 독서의 기록을 보며 달라지는 자신의 모습을 인지하고 느낄수록 실행력도 함께 커진다. 독서-기록(메모, 글쓰기)-실행-지속 가능한 삶-독서 이렇게 돌고 도는 독서의 선순환을 만들어보자.

08
자신의 일과 전문성을 재테크의 발판으로 만들자

처음 직장생활을 하고 10년 동안은 회사를 다니는 일이 너무 재미가 없었다. 그 이유를 생각해 보니 수동적 사고와 행동, 시키는 일만 해결하면 된다는 소극적 업무 태도, 자잘한 일에 인생을 낭비하고 있다는 피해의식 등 때문이었다.

그러다 회사에서 인정을 받으며 나름 주도적으로 일하기 시작한 시점은 직장생활 10년 차가 넘어서였다. 꾸준히 해온 독서가 직장생활의 태도를 바꾸고, 업무 성과로 나타나기 시작한 것이다. 독서를 시작하고 3년 동안 책을 읽고 업무에 활용하기, 사람 관계에 적용하기, 시간 관리와 건강에 신경 쓰기, 재테크로 돈 벌기 등을 생각하며 직무와 일상생활에 적용하려고 노력했다.

이렇게 3년 정도 노력을 하다 보니 직장에서도 직장 밖에서도 자신감이 생겼다. 사람 사는 원리가 보이기 시작한 것이다.

그리고 직장에서의 생활과 퇴근 후 시간 활용을 이분화하기 시작했다. 야근이나 휴일 근무를 최대한 하지 않기 위해서 평일 근무시간에 밀도 있게 일을 처리하고 회의, 출장 등의 일정 관리에 신경을 썼다. 착한 직장인에서 실리적 직장인으로 변모한 것이다. 그리고 10년 동안 직장, 일, 자기계발 이 세 가지를 병행하며 재테크를 할 수 있었다.

우리는 직장을 통해서 그 분야의 경력과 전문성을 쌓고, 직무를 배우고, 인적 네트워크를 형성한다. 그리고 고정적인 월급을 받는다. 직장 경력을 통한 전문성, 월급이란 고정 수입, 인적 네트워크, 근무 외 여가를 활용한 재테크 이 네 개의 키워드를 가지고 직장인이 어떻게 재테크에 성공할 수 있는지 경험을 바탕으로 이야기하고자 한다.

<u>직장인이라면 효율적 업무 습관 만들기가 중요하다.</u> 업무 습관 만들기에서 '성실+능력+충성+빠른 승진+높은 연봉' 이런 말을 하고 싶은 것이 아니다. 회사의 직무를 통해서 함께 발전하는 기회를 찾고, 직원과 회사 모두 성장하는 방법을 말하고자 한다. 나는 부동산마케터로서 회사 일로 알게 된 직업적 경험을 살려서 부동산 투자로 자산을 증식하고, 직장에서의 독서 경험과 독서 경영을 살려 1인 지식기업가로 제2의 직업을 개척하고 있다.

효율적 업무 습관 만들기의 핵심은 직업으로서의 일과 여가생활, 직무와 재테크를 하나로 연결하는 것이다.

좋은 또는 효율적 업무 습관은 직장 내에서 승진과 연봉상승으로 이어진다. 다시 말해, 효율적 업무 습관은 자산 증식과 연결된다는 것이다. 직업적인 전문성을 살려 재테크를 하거나, N잡 등의 부업을 통해서 부가적인 수익창출이 가능하다.

《나는 4시간만 일한다》의 저자 팀 페리스가 바로 그런 사람이다. 이 책은 전통적인 근무 방식에서 벗어나 자유롭고 유연한 라이프 스타일을 추구하며 더 짧은 시간에 더 많은 것을 성취하는 방법을 제시하고 있다. 물론 모든 사람에게 적용할 수 있는 방법은 아니지만, 각자의 상황과 목표에 맞게 아이디어를 찾아 적용할 수 있다고 생각한다. 내 경우에는 가장 잘 알고 있는 분야인 '부동산 재테크'와 평생 하고 싶은 '독서'를 연결하는 방법을 고민하기 시작했다. 팀 페리스가 책에서 언급한 것처럼 나는 직장에서의 업무 연관성을 다음과 같은 방식으로 활용해 자기계발과 자산증식에 적용했다.

우선 급한 업무와 중요도가 높은 업무에 집중하자.

급한 업무는 빨리 처리하지 않으면 문제가 발생한다. 상사가 지시한 것들, 거래처의 요구, 민원, 형식적인 보고나 회의록 정리 등을 말한다. 반면 중요하지 않으면서 비효율적인 업무는 과감히 줄였다. 물론 직급이나 자신이 처한 업무 환경에 따라 현실적인 어려움이 있을 것이다. 그러나 업무의 효율성을 높이기 위해 자신의 일을 급한 업무, 중요도가 높은 업무, 급하지 않은 업무, 중요도가 낮은 업무 등으로 분류해 시간을 잘 활용할 필요가 있다.

실천 계획으로는 주어진 시간 내에 업무를 완료하려는 습관을 키우자. 스스로 마감 기한을 설정하고 그 안에 업무를 완료하자. 반복적이고 단순한 업무는 자동화 도구나 정해진 양식을 이용해 처리하는 것도 시간 절약과 생산성 향상에 도움이 된다.

그리고 빠른 업무 처리 후 남는 시간을 활용해 새로운 기술과 지식을 습득하자. 여기에 자신의 업무 전문성을 키워 중요한 업무 또는 고부가가치 업무를 수행해 업무 성과를 내는 것도 좋은 방법이다. 이것이 몇 번 쌓이다 보면 조직에서 인정을 받게 된다.

직장 동료나 상사로부터 인정을 받으면 좋은 점은 행동이 자유로워진다는 것이다. 필요하면 근무시간에 책도 볼 수 있다. 업무 연관성을 인정받았기 때문이다. 이렇게 되면 근무 장소와 시간에 구애받지 않는 유연한 사고가 생긴다. 책을 읽으면서도 업무에 필요한 아이디어와 실천 계획들이 떠오른다.

예를 들어, 이번 마케팅 전략의 프레젠테이션 첫 페이지를 무슨 말로 시작할 것인지, 비슷비슷한 상품 제안 속에서 차별화할 수 있는 핵심적인 것 한 개는 무엇인지, 개성 있게 눈에 확 튀는 표현 방법은 없는지 등 다양한 생각들이 떠오른다. 노트에 핵심

단어를 메모해 놓고 조각 난 생각들을 연결하는 연습을 하다 보면, 독서를 통해서 업무 성과가 높아지는 것을 경험할 것이다. 나는 이런 방식으로 연말 사업계획서를 미리 작성하기도 하고, 발주처가 혹할 수 있는 아파트 상품계획을 다수 제안할 수 있었다.

결론적으로 자신의 직무를 빨리 이해하고 자신의 자리에서 인정받고 성장하는 과정이 매우 중요하다. 승진과 연봉 인상보다 더 시급한 것은 자신의 직무를 배우고 익혀서 업무 성과를 냄으로써 조직에서 크게 인정받는 것이다. 그 과정에서 관련 분야의 책을 최대한 이용해보자.

두 번째, 업무시간 중 일부를 자기계발 또는 재테크 공부에 할애하자.

직장인 누구도 일과시간을 업무로 꽉 채울 수는 없다. 하루 중 바쁜 시간도 있고, 한가한 시간도 있다. 《월급쟁이의 첫 부동산 공부》를 보면 저자 마중물은 업무시간에 집중해서 모든 일과를 마치고 오후 4시부터 부동산 투자를 위한 자료 조사와 인터넷 서치를 해서 부동산 투자를 통해 7년 만에 큰 수익을 얻었다. 그는 대기업 연구소에서 연구원으로 근무하며 부동산을 독학으로 공부해 500만 원 투자금으로 50억 원의 자산을 모았다고 한다.

물론 근무시간을 탄력적으로 이용할 수 있는 사람은 제한적이다. 그러나 시간을 잘 활용하면 충분한 시간을 모을 수 있다. 선생님들은 주말과 공휴일, 방학을 활용할 수 있고, 일반 직장인과 공무원도 주말, 연휴, 연차 등을 활용할 수 있다. 택배·배달·운수업에 종사한다면 부동산 투자에서 장점이 더욱 크다. 지리 정보에 익숙하기 때문이다.

하지만 직업 및 직종에 상관없이 재테크에 성공하는 사람도 많이 볼 수 있다. 그중 내가 직접 만나서 인터뷰한 두 명을 소개해보고자 한다. 첫 번째는 대기업 해외영업 부서에 근무하던 30대의 평범한 직장인이이다. 그는 부동산 투자로 200억 원대의 자산을 모았다. 그는 2010년 경기도 내 토지 매수로 부동산 투자를 시작했고, 이후 아파트, 상가, 건물 등 다양한 부동산 자산에 투자해 자산을 확장했다. 현재는 부동산 투자자로서의 경험을 바탕으로 작가, 유튜버, 강연자로 활동하며 자신의 노하우를 공유하고 있다. 그는 바로 《서울 자가에 대기업 다니는 김 부장 이야기》를 쓴 송희구 작가다.

그리고 또 한 사람은 중학교에서 국어교사로 근무하면서 독서와 학습을 기반으로 부동산 공부를 시작해 아파트 투자로 자산증식에 성공한 사람이다. 바로 《부동산 투자 필독서 30》을 쓴 레비앙이다.

이 둘의 공통점은 평범한 월급쟁이 직장인이며, 혼자 부동산 공부와 임장을 하면서 터득한 지식으로 부동산 투자로 큰 자산을 모은 것이다. 그리고 자신의 재테크 과정과 노하우를 책으로 출간했다.

결론적으로 자신의 재테크 분야를 선정한 다음, 업무 외 남는 시간을 활용해서 배경지식을 쌓고 자료를 수집하고 현장을 확인하면서 재테크 지식을 키우고, 이것을 실천으로 옮겨보자.

세 번째, 일과 나 사이에 바로 서기 위한 자신만의 방법을 만들자.

직장 내에서 협업은 필수다. 하지만 개인차에 따라 협업을 매우 힘들어하거나 꺼리는 직원들이 많은 것이 사실이다. 그러나 수동적으로만 업무 지시를 따르는 직원은 발전이 더디게 된다. 그래서 적극성을 띨 필요가 있다. 모르면 물어보고 대안을 두 개 세 개 만들어서 설득해 보고, 기안을 계속해서 올려서 결재자가 자신이 올린 기안에 결재하도록 압박하는 방법도 있다.

직장에서 과장 시절에 일에 대한 욕심도 많고, 열심히 할 때였다. 회사 내부에 비용 절감과 업무 효율성을 높일 수 있는 방법들이 눈에 보였다. 그래서 팀 회의나 월요일 주간 업무보고 등에서 그 방법을 언급하면 대부분 묵살되었다. 이유는 하던 대로 하면 되지 왜 일을 만들어서 여러 사람 귀찮게 하냐는 분위기였다.

어느 날 대표님이 날 불러 말했다.

"김 과장 무슨 걱정 있어?"

"아닙니다. 그런데 왜요?"

"너 이직한다는 소문 있더라."

"아닌데요?"

"그냥 한번 떠봤어. 요즘 표정도 어둡고 의욕도 꺾인 것 같아서 말이지. 무슨 일인지 나한테 말해봐."

그래서 대표님께 위에서 언급한 고민, 회사 내 비용 절감 및 업무효율 방안을 이야기했다. 그러자 대표님이 이렇게 말했다.

"김 과장 조직 생활에 적응하려면 아직도 멀었군. 다 기안 올려. 기안 올리면 팀장-부서장-본부장 모두 결재해야 하잖아. 근거도 남길 수 있고. 사장인 내가 보고 필요한 것들은 바로 결재할 테니까. 사소한 것까지 기안 작성해서 올려봐."

그러면서 이렇게 덧붙이셨다.

"직장생활은 기안서로 일하고 기안서로 성과 내는 거야."

직장인의 가장 큰 장점 중 하나는 협업을 통해서 많이 배우고 성장할 수 있다는 것이다. 따라서 일 또는 업무가 본인의 성장으로 연결되도록 노력할 필요가 있다. 일을 통해서 배우고 업무 전문성을 본인의 성장과 자산증식에 활용할 수 있는 방법을 찾는 것이 중요하다. 직장인이 직장을 다니며 그 월급을 활용해 재테크를 병행하는 것이 가장 현실적인 방법이다.

나는 일과 나 사이에 바로 서기 위해서 독서-글쓰기-운동이라는 루틴을 만들었다. 일에 집중력이 떨어질 때, 의욕 상실로 일하기 싫어질 때는 해결 방법으로 책을 읽었다. 그리고 달리기를 했다. 《사랑한다고 말할 용기》를 쓴 황선우 작가도 일과 삶의 균형을 유지하고 자기 자신을 지키기 위해서 글쓰기, 운동, 재테크

이 세 가지를 실천했다. 그는 글쓰기를 통해 감정을 정리하고 자신을 돌아보며 정서적 균형을 유지했다. 또 운동으로 몸과 마음을 단련해 일상의 활력을 높였다. 이는 곧 자기 돌봄의 실천이다. 그리고 경제적 안정과 자율성을 확보해 자신이 원하는 삶을 선택할 수 있는 기반을 갖추기 위해 재테크를 실천했다.

일과 나를 바로 세우려면 '주도적'이어야 한다. 일에 주도권을 갖는 것이다. 각자 자신이 주도적으로 할 수 있는 일을 찾는 것이 중요하다.

네 번째, 본인의 '홍보 & 판매 채널'을 만들자.

직무 전문성 또는 취미나 부업을 활용한 본인만의 '홍보 채널 및 판매 채널'을 만들어보자. 블로그, 인스타그램, 유튜브 정도면 된다. 셋 중 한 개만 집중해도 충분하다. 《독서의 기록》을 쓴 안예진 작가는 책 리뷰를 블로그에 꾸준히 올려 인지도를 쌓았다. 그리고 본인의 블로그에서 온라인 독서모임 및 글쓰기 회원을 모집했다. 블로그는 본인을 홍보하는 '홍보 채널'이면서 본인의 상품을 파는 '판매 채널'로서 가장 효과적인 방법이다.

《책으로 시작하는 부동산 공부》의 저자 레비앙도 이러한 방법으로 성공을 거두었다. 그는 2015년 부동산 투자를 책으로 공부하면서 경제, 부동산, 투자 관련 책을 읽고 본인의 블로그에 도서 리뷰를 꾸준히 올렸다. 그는 출판사에서 책으로 내자는 제안을 받았고, 세 권의 책을 출간했다.

직무와 연관된 또는 본인이 좋아하는 분야를 꾸준히 하면서 블로그나 SNS에 그 과정을 공유해보자. 그러면 점차 팬층이 생겨나고, 이를 활용해 유료로 서비스나 제품을 판매할 수 있다. 그 다음 이런 수익화 과정을 책으로 출간해 전문성을 인정받고 대중의 인지도를 더욱 높일 수 있다. 그러면 강연 요청을 받게 되고, 또 채널이 커지면 광고 제안을 받게 된다. 이런 선순환을 반복하면 부의 추월차선에 올라설 수 있게 된다.

09
자신에게 맞는, 지속 가능한 재테크 파이프라인을 만들자

돈 버는 방법은 매우 다양하다. 나는 부동산 마케터가 직업인 관계로 부동산 투자를 재테크로 활용했다. 우선 어린 시절의 경험을 몇 개 말해보겠다.

내가 신도시 개발을 처음 본 것은 1990년도다. 그 당시 고등학교 진학을 위해서 시골 중학교에서 대전광역시로 전학을 갔다. 고등학교에 입학할 당시 둔산 신도시(1985년 택지개발지구로 지정되어 1988년 착공에 들어가 1994년 준공했다) 개발이 진행 중이었는데, 3년간 관찰한 결과를 간략히 요약하면 다음과 같다.

신도시 개발 이전의 둔산 지역은 유성과 대전의 중간 지대로 농사짓는 논밭과 군부대, 비행장 등이 난립한 지역이었다. 어느 날은 논밭 구릉지가 불도저에 의해서 평탄화 작업으로 평지가 되는 모습을 봤다. 그리고 몇 달 후 배수로 같은 공동구가 지하 바닥에 깔렸다. 그 위에 격자형 도로가 만들어졌다. 큰 교차로에는 지하차도가 만들어져 차량 흐름이 끊이지 않고 통과할 수 있는 입체교차로가 건설되고, 곳곳에 육교가 만들어졌다. 12차선 중심대로 양측으로는 완충녹지를 두어 주거지역으로 소음과 분진이 유입되는 것을 차단하도록 했다. 그리고 중앙공원, 근린공원, 녹지 축 등 도시 기반시설들이 깔리기 시작했다. 그렇게 택지가 조성된 것이다.

해가 바뀌어 어느 봄날 관광버스를 비롯해 수백 대의 차량이 주차된 모습을 보았다. 아파트 청약에 사람들이 몰려든 것이었다. 그리고 2년 뒤 고등학교 짝꿍 K가 둔산동 크로바아파트로 이사를 갔다. 그해가 1993년 봄쯤이었다. 그 당시 집값은 얼마였을까? 평당 3백만 원 정도의 분양가로 계산해 보면 36평이 1억 원대였다. 과거 시세를 보니 2006년 1월 3.5억 원, 2017년 6월 5.2억 원에서 2021년 10월 실거래 최고가 13.3억까지 올랐다. 30년이란 세월은 집값을 10배 넘게 올려놓았다.

고등학교 시절 베버의 공업 입지론을 배우면서 나는 1990년대 초반에 지금의 '행정중심복합도시' 입지를 예측했다. 고등학교 시절 대전으로 전학을 가서 주말에 한번 부모님을 뵈러 집에 가곤 했다. 내가 자란 곳은 1번 국도, 경부고속도로, 경부선 철도가 지나가는 교통의 요지다. 이후로 경부고속철도 KTX가 개통되었고, 지금은 제2경부고속도로가 건설 중이며 인근에 나들목이 만들어진다고 한다. 당시 매주 1번 국도를 이용해 대전을 오가는데 어느 날 지금의 정부세종청사가 있는 세종시 장군면을 지나 금강 다리(그 당시 2차선 다리 한 개만 있었다)를 건너면서 이런 생각을 했다. '이 땅은 나중에 큰 신도시나 공단이 들어와도 괜찮겠다.' 그 이유는 한국지리 시간에 배운 공업 입지론을 적용해 본 것이다.

행정중심복합도시가 들어선 곳이 대평리 일대다. 지명에서 알 수 있듯이 넓은 평야 지대로 앞에는 큰 하천 금강이 흐른다. 따라서 공업용수 확보가 쉽다. 인근에 경부철도, 경부고속도로와 중부고속도로 이용이 편리하다. 물류가 좋다는 것이다. 이렇게 한국지리 수업에서 배운 것을 매주 지나다니던 땅에 적용해 보고, 미래에 신도시나 큰 공단이 들어서기에 우수한 입지라고 평가하게 된 것이다. 그리고 2004년 노무현 정부에서 현재의 세종시 일대에 '행정중심복합도시' 건설 계획을 발표했다. 물론 나는 이전에 대평리 일대의 땅을 사놓은 것은 아니어서 그야말로 땅을 치고 후회했다.

그렇게 고등학교 시절 몇 년간을 둔산신도시 개발의 처음부터 아파트 입주까지를 관찰하면서 도시계획의 매력에 빠졌고, 도시 건축 관련 학과에 진학하게 되었다. 허허벌판에 만들어지는 도로나 다리, 터널 등을 보면 저 길이 어디로 이어져 끝날까 하는 궁금증이 들었다.

버스를 타든 기차를 타든 언제나 창밖 풍경 보기를 즐겼는데, "부동산은 입지, 즉 인문 지리다"라는 말을 어린 시절 자연지형과 도시가 개발되는 모습을 보면서 자연스럽게 터득한 듯싶다. 그래서 나는 재테크 분야로 '부동산 투자'를 쉽게 받아들였고, 돈 버는 투자를 지속할 수 있었다.

오늘날 우리는 재테크의 필요성을 절실하게 느끼고 있다. 경제적 안정은 더 이상 선택이 아닌 필수가 되었으며, 재테크는 단순한 생존을 넘어서 개인적인 자유와 성취를 위한 도구로 자리 잡았다. 하지만 막상 재테크를 시작하려고 하면 어디서부터 출발해야 할지 막막해지기 마련이다. 각종 책과 인터넷에는 수많은 투자 방법과 성공 사례가 넘쳐나지만, 그것이 자신에게 딱 맞는 것은 아니다. 그래서 우리는 자신만의 재테크 방법을 찾아야 한다.

모든 사람은 각자의 스타일이 있다. 재테크의 기본은 자기 자신을 이해하는 것에서 시작된다. 사람마다 성향과 목표, 상황이 다르기 때문에 누구에게나 맞는 보편적인 재테크 방법은 존재하지 않는다. 어떤 사람들은 안정성을 중시해 예금이나 채권에 투자하는 것을 선호하고, 또 어떤 사람들은 변동성이 크지만 고수익을 기대할 수 있는 주식이나 부동산을 선호한다. 또 직접적인 투자가 아닌 창업이나 N잡을 통해 수익을 다각화하는 사람들도 있다. 이처럼 재테크의 방향은 개인의 성향에 따라 달라질 수밖에 없으며, 중요한 사실은 남이 해본 방법을 참고해 따라 해보면서 궁극적으로 자신의 성향과 상황에 맞는 방법을 찾아야 한다는 것이다.

이를 위해 먼저 자신의 리스크 수용 능력, 현재의 경제적 상황, 그리고 목표를 명확하게 정리해야 한다. 재테크를 시작하기 전에 '나는 얼마나 위험을 감수할 수 있는가?', '나의 최종 목표는 무엇인가?'라는 질문을 스스로에게 던져보는 과정은 매우 중요하다.

우리는 트렌드를 따르되 자신만의 길을 찾아야 한다. 현대 사회는 매우 빠르게 변화하고 있으며, 그에 따라 투자 트렌드 역시 빠르게 변하고 있다. 몇 년 전만 해도 생소했던 암호화폐나 플랫폼 경제가 이제는 재테크의 중요한 분야로 자리 잡았다. 그러나 이 역시도 모든 사람에게 적합한 것은 아니다. 최근 대한민국에서는 N잡 트렌드가 확산되면서 직장인들이 본업 외에 부업을 통해 추가 수익을 창출하는 경우가 빠르게 늘어나고 있다. 이는 시대적 트렌드에 맞추어 재테크를 다각화하는 방식 중 하나다.

하지만 이러한 트렌드를 따라 한다고 해서 성공이 보장되는 것은 아니다. 중요한 사실은 트렌드를 자신의 상황에 맞게 응용하고 자신만의 길을 찾아야 한다는 점이다. 예를 들어 N잡을 선택하더라도 단순히 남들이 하는 일을 따라 하기보다는 자신의 경험(예를 들면 건설 부동산 배경지식과 업무를 통한 투자 노하우)을 바탕으로 자신이 잘할 수 있는 일을 선택하는 것이 중요하다. 직장인의 경우 본업에서 얻은 지식이나 경험을 활용할 수 있는 부업을 선택할 때 수익창출 가능성이 더욱 커질 수 있다.

또한 재테크를 위해 다양한 접근법을 시도해보자. 재테크 방법을 찾는 과정에서 하나의 방법에만 고집할 필요는 없다. 다양한 방법을 시도하고, 그 과정에서 자신의 적성과 성향에 맞는 방법을 찾아가는 것이 중요하다. 예를 들어, 주식투자를 시작했더라도 부동산에 관심을 가져보고, 부업을 통해 추가적인 수익을 창출하는 것도 한 방법이다. 다방면으로 시도해 보는 과정에서 나에게 맞는 방식이 무엇인지 알게 된다.

투자에서도 분산 투자가 리스크를 줄이듯이 이러한 다양한 접근법은 위기 상황에서 유리하다. 경제 상황은 언제든지 변할 수 있으며, 특정 분야에만 집중된 재테크는 리스크를 높일 수 있기 때문이다. 여러 수익원을 확보하고 다각화된 방법을 통해 리스크를 분산시키면, 예상치 못한 상황에서도 경제적 안정성을 유지할 수 있다.

재테크는 곧 습관이다. 자신만의 재테크 방법을 찾는 과정에서 중요한 또 다른 요소는 꾸준함이다. 꾸준한 노력과 계획적인 실행이 쌓여야 지속 가능한 재테크를 할 수 있다. 저축이든, 투자를 통한 자산증식이든, 혹은 새로운 수익원을 찾아 나서는 일이든 그것이 습관으로 정착되지 않으면 일시적인 결과에 그칠 가능성이 크다.

자신만의 재테크 방법을 찾는 것도 마찬가지다. 처음부터 완벽한 전략을 찾으려고 하기보다는 작은 시도부터 시작해서 점차 자신에게 맞는 방법을 찾아가는 과정이 필요하다. 실패를 두려워하지 말고, 시행착오를 통해 자신만의 방법을 정립해 나가야 한다. 이러한 꾸준한 노력이 쌓일 때 재테크는 비로소 습관이 되고, 안정적인 경제적 기반으로 자리 잡게 된다. 나는 나만의 재테크 방법을 찾는 데 다양한 종류의 책을 활용했다.

결론적으로 재테크는 남들이 하는 대로 따라가기보다 자신만의 방법을 찾는 것이 중요하다. 각자 자신의 성향과 능력을 이해하고, 다양한 시도를 통해 그 과정에서 본인만의 길을 찾는 것이 성공적인 재테크의 핵심이라 할 수 있다. 그 지역, 그 시대의 트렌드를 이해하되 유행에 휩쓸리기보다는 자신만의 전략을 세우고, 꾸준하게 실천해 나가는 과정에서 재테크는 비로소 습관으로 자리 잡게 된다. 자신의 직업, 관심사, 전문성을 활용해 자신에게 맞는 재테크 방법을 찾고, 그것을 통해 경제적 자유를 향해 나아가는 것이 안정적이면서도 강력한 재테크가 될 수 있다.

10
부동산 투자를 위한
4가지 재테크 습관 만들기

우리는 재테크라고 하면 일반적으로 숫자와 차트, 복잡한 금융 용어로 가득 찬 세계를 떠올린다. 하지만 진정한 재테크의 달인들은 한 가지 중요한 사실을 알고 있다. 돈의 흐름은 결국 인간의 욕망을 따라 움직인다는 것이다. 시장의 등락, 투자 트렌드, 소비 패턴의 변화, 이 모든 것의 중심에는 인간의 욕망이 자리 잡고 있다.

모두를 위한 만능 투자법은 없다. 주변에서 종종 부동산 투자를 어떻게 하면 잘할 수 있냐고 묻는다. 그러면 나는 연 소득과 투자할 수 있는 여유자금은 얼마나 되는지, 자가인지 전세인지, 내 집 마련을 위한 것인지, 시세차익 투자 상품을 원하는지, 매달

꼬박꼬박 나오는 임대수익을 원하는지 등 10여 가지가 넘는 사항을 물어본다.

그 이유는 부동산 투자는 개별성이 매우 크기 때문이다. 다시 말해, 투자 물건의 개별성보다 투자자의 개별성이 더 중요하다는 말이다. 그래서 재테크의 첫걸음은 '나를 알아가는 것부터'라고 생각한다.

부동산 투자로 자산을 만들고, 안정적인 투자를 위해서는 재테크를 습관화해야 한다. 다음은 재테크를 습관화하기 위한 방법이다.

첫째, 관찰하기다.

앞에서 고등학교 시절 대전의 첫 번째 신도시 개발인 둔산 신도시 건설 과정을 수년간 눈으로 관찰한 사례를 언급했다. 그리고 한국지리 수업에서 배운 공업 입지론을 토대로 매주 지나다닌 1번 국도 대평리라는 농촌 마을이 신도시 또는 공업지대가 될 수도 있겠다는 상상을 했던 경험을 말했다.

이 모든 것의 배경에는 '관찰'이 있다. 천문학자는 별을 관찰하고 생태학자는 동식물을 관찰하듯 나는 물리적 공간의 도시개발 과정을 관찰한 것이다.

관찰의 힘은 유추, 추론을 가능하게 한다. 공간 관찰력이 쌓이면 공간의 미래 또는 지역의 변화를 상상할 수 있는 힘이 생긴다. 향후 도로가 어디와 연결될지, 철도역사가 생긴다면, 공항이 들어선다는데, 섬에 연륙교가 건설 예정이라면 등등 이러한 개발 이슈를 자신이 관찰한 공간이라는 땅과 건축물에 접목해서 미래를 그려보는 것이다.

아이들과 여행을 갈 때는 창밖을 관찰해보자. 농작물, 식생, 지형, 하천, 강의 자연환경이 지역마다 어떻게 다른지 관찰하고, 도시의 분위기, 스카이라인, 도시 밀도와 노후도, 구도심에 사람이 많은지 적은지, 빈집이 많이 보이는지, 노인 인구가 많은지 젊은이가 많은지 등등 눈으로 볼 수 있는 것들에 대해서 아이와 적극적으로 대화를 나눠보자. 이것은 아이에게 공간 상상력을 키워줄 수 있다. 여행은 인문 지리를 배우는 지름길로써 부동산 투자의 기본이다.

나는 '독서-여행-부동산 투자'를 연결해왔다. 10년이면 강산도 변한다는 말은 실제로 우리 주변에 흔하게 일어나고 있으며, 신도시와 산업단지 등의 부동산 개발로 나타나고 있다. 물리적 공간 변화를 예측할 수 있는 것이 관찰의 힘이다.

그리스 여행을 갔을 때의 일이다. 책으로만 봤던 아테네와 고대 아크로폴리스, 지중해를 볼 수 있었다. 그중 아테네항구에서 산토리니섬까지 약 8시간 배를 타고 지중해를 항해했다. 오래전 제주 올레길을 걸으며 읽었던 니코스 카잔차키스의 《그리스인 조르바》를 다시 읽으며, 배 갑판 위에서 몇 시간을 앉아 지중해를 바라보았다.

그런데 그리스의 바다는 우리나라 바다와는 다른 점들이 보였다. 그래서 우리나라 바다에서 보지 못했던 몇 가지 특징을 바로 노트에 적었다. 순간의 호기심을 하나의 글로 써놓으면 나중에 어딘가에 활용할 수 있겠다는 생각으로 메모를 한 것이다.

아테네 피레우스항구에서 산토리니까지 동지중해라고 불리는 에게해의 4개 섬을 경유하는 동안 우리나라 바다에는 있지만 지중해에는 없는 4가지를 발견했다. 그중 하나는 갈매기를 볼 수 없었다. 바람이 많이 불거나 일시적 기상 탓인지는 모르겠지만 항구에도 배 갑판에도 갈매기는 보이지 않았다.

또 양식장이 없고 고깃배가 보이지 않았다. 우리나라 남해와 서해는 김·굴·전복 등 양식장이 많다. 갯벌이 있고 어항에는 고깃배가 많다. 하지만 지중해에서는 이런 것들을 찾아볼 수 없었다.

그래서 그런지 네 번째 차이점은 항구에 비린내가 없다는 것이다. 지중해는 유럽, 아시아, 아프리카를 둘러싸고 있는 내해로 대양의 평균 염도보다 높고, 뜨거운 여름과 온화한 겨울이 특징인 지중해성 기후를 가지고 있다. 이런 이유 때문인지 아니면 일시적인 현상인지 갈매기, 고깃배, 양식장, 비린내가 없었다.

둘째, 물어보는 것을 생활화하자.

한 가지 질문을 해보겠다. "거주 중인 단지 내 또는 동네 부동산중개소를 얼마나 자주 가는가?" 다시 말해, 현재 거주 중인 집의 시세 즉 매매가 또는 임대가인 전월세가를 알고 있냐는 의미다.

나는 부동산중개소를 자주 들러 이것저것을 물어본다. 동네 부동산뿐만 아니라 여행지에서도 부동산중개소를 보면 "이 땅 시세가 어느 정도 되나요?", " 옆에 신축 건물에 매매, 상가임대라고 붙어 있는데 매매와 임대가는 어떻게 되나요?"라고 물어본다. 때로는 중개사무소 앞에서 간판의 전화번호로 전화를 걸어 부동산 매물을 물어보기도 한다. 이유는 문전박대를 당하지 않고 주변 부동산 정보를 파악할 수 있기 때문이다.

나는 종이 신문을 계속 보고 있다. 이유는 신문에 끼어서 들어오는 삽지나 아파트 분양 광고, 부동산 매물광고를 볼 수 있기 때문이다.

그리고 전화해서 여러 가지를 물어본다. 전단 삽지의 아파트 분양 광고는 자주 전화를 해본다. 청약 일정, 세대 수, 분양가 이런 것이 궁금한 것이 아니라 모델하우스 분위기를 파악하기 위해 전화로 궁금한 사항을 물어보고 주변 아파트 시세 대비 분양가 적정성, 입지 특장점 등의 정보를 듣기 위해서다. 이런 과정은 아파트의 입지 포지셔닝을 세우는 좋은 공부이기 때문이다. 이것은 해당 지역 부동산 흐름을 파악하는 데 큰 도움이 된다.

또한 내 전화번호가 해당 모델하우스 분양팀에 데이터베이스로 저장되어 분양 조건이 바뀔 때마다 휴대폰 문자를 받을 수 있다. 청약 당첨에서 분양계약이 완료되지 않고 남은 세대를 미분양이라고 한다. 미분양아파트는 입주 시기가 가까워질수록 판촉 경쟁이 커져서 수분양자에게 다양한 혜택을 제공하면서까지 판매를 한다. 분양가 할인, 발코니 확장비 무상, 중도금 무이자, 잔금납부 유예 등 각종 혜택을 지급하면서 고객을 유인한다.

이런 정보들을 자연스럽게 휴대폰 문자로 받을 수 있어 쉽게 시장조사가 가능하다. 뿐만 아니라 원한다면 같은 물건을 남들보다 더 저렴하게 구매할 수 있다.

나는 여행 중에도 종종 모델하우스를 방문한다. 시장조사 차원이기도 하고, 분양상담사에게 관광 정보와 개발 정보를 듣기 위해서다. 분양상담사는 모델하우스에 걸린 광역 지역도 또는 모형도를 보여주며 도시개발 축, 도로망, 신규 택지지구, 재개발 재건축 단지, 학군, 주거 선호지역, 주요 상권에 대해 일목요연하게 설명을 해준다.

2019년 군산 여행에서 지나가다 우연히 '오션시티 모델하우스'를 방문하게 되었고, 분양상담사에게 도시에 대한 자세한 정보를 들을 수 있었다. 곧바로 공사현장을 둘러보았다. 그리고 군산 오션시티 인근의 신규 입주아파트 매매가가 크게 상승할 것을 예측할 수 있었다.

이유는 입지·브랜드·세대수가 비슷한 옆 단지보다 신규 분양가가 1억 이상 비싼데도 높은 청약률로 분양이 조기 마감된 것이다. 같은 권역의 입주 3년 이내의 새 아파트는 신규 분양가를 따라 상승하기 때문이다.

그래서 지인에게 33평 아파트 두 채를 갭투자로 추천해줬다. 전용면적 84m^2가 2.8억 원, 3.3m^2 당 830만 원대로 전세가와의 갭이 2000만 원이었다. 2019년 지방 집값 상승이 시작되면서 그 아파트 시세는 5.5억 원을 넘어섰다.

그런데 모델하우스를 방문해서 정보를 취득할 때 유의할 점이 있다. 시행·시공사인 공급자와 판매자인 분양상담사는 본인들 입장에서 유리한 것 위주로 분양 물건을 설명한다. 즉 팔아야 수익이 생기는 구조이기 때문에 상품의 단점을 가리고 설명하거나 사실을 교묘히 왜곡하기도 한다.

그래서 <u>부동산 투자자는 객관적 분석을 통해서 본인 투자 여건의 개별성을 냉철하게 인지하고, 공급자가 제공하는 부동산 정보를 취사선택해야 한다.</u> 모델하우스에 생각 없이 들어갔다가 영업사원의 꾀임에 넘어가 패가망신한 경우를 여러 번 보았다. 따라서 부동산 투자에서 가장 피해야 할 것은 의사결정권을 타인에게 맡기는 것이다. <u>부동산 투자를 위해서는 반드시 여러 가지를 물어보고 확인하며 냉철하게 판단하는 것을 생활화해야 한다.</u>

셋째, 지도를 자주 찾아보고 지역을 걸으며 둘러보자.

나는 자주 지도를 들여다본다. 사실 내가 살고 있는 서울만 해도 모르는 곳, 처음 가는 장소가 상당히 많다. 그래서 평일 업무 약속이나 주말 약속을 갈 때 미리 지도를 보고 간다. 네이버 지도에 지번 또는 전철역을 검색해본다. 지도를 보면 그 동네가 보인다. 네이버 지도를 펼쳐놓고 전철역에서 약속장소까지 거리를 재서 선으로 그려본다. 흔히 말하는 역세권으로 반경 200미터 정도를 살펴보고 네이버 지도를 휴대폰 사진으로 찍어 놓는다. 그러고 나서 우선 머릿속에 저장된 기억으로 목적지를 찾아간다. 그러다 약속 장소를 찾기 어려울 때는 네이버 지도를 찍은 사진을 보며 장소를 찾는다. 최대한 많은 지역 정보를 머리에 담기 위해서다.

네이버 길 찾기로 검색해서 내비게이션 음성을 그대로 따라가는 것보다 이러한 노력을 하면 그 지역에 대한 더 많은 지식을 얻을 수 있다.

우리는 본인이 노력한 것, 어렵게 얻은 정보를 오래 기억하는 경향이 있다. 일상에서 사람과의 약속을 위해 만나는 장소를 부동산 시장조사라고 생각해보자. 약속 장소에 10분 먼저 도착해서 주변을 둘러보자. 전철역에서 약속 장소 방향의 출구를 나서면 사거리를 중심으로 건물 높이와 노후도가 눈에 보인다. 특히 유동 인구가 많은 지하철 출구가 있다. 왜일까? 걸어보면 그 이유를 알 수 있다.

업무미팅으로 상대의 회사 또는 사옥을 방문할 때는 건물 로 비에서 층별 입주사 이름을 살펴본다. 몇 층에 공실이 있는지를 볼 수 있다. 저녁 술자리, 독서모임 등으로 약속 장소에 가기 전 지도를 검색해서 지하철역 중심으로 거리가 몇 미터 되는지 찍어보고 몇 개 블록인지 확인한다. 필지 구획의 가로세로 규모가 어느 정도나 되는지 눈으로 보는 것이다. 보통 대로변에 접한 필지는 규모가 크고, 이면도로의 필지는 작다. 그래서 대로변 이면도로를 중심으로 골목상권이 발달하는 것이다.

처음 가는 지역의 시장조사를 위해 지방 도시를 방문했을 때 목적지를 찾지 못해 헤맨 경우 그 지역의 지리정보가 기억에 많이 남았다. 지역분석을 다녀와서 보고서를 작성할 때 장소를 찾아 헤맨 지역은 쓸 말이 많았다. 이리저리 신경 쓰면서 보았기 때문이다.

만약 저녁 식사 약속을 신사동에서 잡았다면 신사역에서 나와 약속 장소까지 걸으며 주변을 관찰해보자. 미리 머릿속에 넣은 지도로 길을 찾고, 눈에 보이는 건물과 상권, 유동인구 등을 살펴보자. 만약 내가 여기서 장사를 한다면 어떤 업종이 좋을까 라는 생각을 해보면 공간에 대한 이해가 높아진다.

나는 보통 약속 장소에 미리 도착해서 주변을 한 바퀴 돌아보며 동네 분위기와 건물에 어떤 업종이 많은지, 공실은 없는지 등을 지나치면서 살펴본다. 부동산 투자를 위해서 일부러 임장도 다니며 시간과 노력을 들이는데, 평소 약속 장소를 갈 때마다 임장을 간다는 생각으로 미리 지도를 보고 지리정보를 기억해 놓으면 쉽게 부동산 공부가 되는 것을 몸소 경험했다.

한동안 나는 서울에서 업무공간으로 40여 곳이 넘는 곳을 이용해보았다. 공유 오피스를 업무공간으로 사용하기 때문이다. 공유 오피스는 개인 업무공간으로 저렴하면서도 매우 실용적이다. 월 사용료와 기타 부대비용만 내면 서울 어디서든 나의 업무공간과 미팅룸, 세미나 공간까지 모두 이용이 가능하다. 강남역 인근 미팅룸을 빌려 독서모임을 하기도 한다.

공유 오피스를 이용하는 또 다른 이유는 서울 주요 지역의 상권 공부를 겸할 수 있기 때문이다. 즉 공유오피스 각 지점을 방문해서 일정 기간을 사무실로 사용하다보면 자연스럽게 그 지역의 상권 특성을 파악할 수 있다. 서울의 주요 거점별 주거·업무·상권·학군 등의 부동산 지역 답사가 함께 이뤄진다.

용산-이태원 상권, 서대문-광화문-종로 상권, 시청-을지로-충무로 상권, 성수-뚝섬-건대 상권, 마포-공덕-충정로 상권, 가양-발산-마곡 상권, 신도림-영등포-여의도 상권, 대림-가산디지털밸리 상권, 신림-서울대-사당역 상권, 양재-강남-신논현역 강남대로 상권, 역삼-선릉-삼성역 테헤란로 상권, 논현-학동-압구정 상권을 공유오피스 각 지점 사무실로 출퇴근하며 걷고, 자전거 따릉이를 타고 이동하면서 서울 지리와 상권을 분석할 수 있었다.

이렇듯 부동산 공부는 생활 속에서 할 수 있다. "알면 보이고, 보이면 다르게 다가온다"는 말이 있듯이 그냥 막연히 걷는 것보다는 몇 권의 도시 건축 책을 읽고 걸어보기를 추천한다.

도시 건축 공간을 쉽고 재밌게 풀어주는 유현준 작가의 《공간의 미래》, 《어디서 살 것인가》, 《공간이 만든 공간》도 좋고, 한종수·강희용 작가의 《강남의 탄생》, 서울 도시계획 정책의 산증인인 손정목 작가가 쓴 《서울 도시계획 이야기 전 5권》을 함께 읽으면 서울을 이해하고 재테크 측면에서 내가 거주할 곳, 투자할 곳에 대한 정보를 얻는 데 큰 도움이 될 것이다.

지도를 찾아가며 도시를 걷고 주변 환경을 잘 살펴보는 것은 곧 재테크를 위한 활동이다.

<u>넷째, 인간의 욕망을 관찰하자.</u>

우리는 누구나 욕망을 갖고 있다. 욕망을 표현하는 가장 쉬운 방법은 '소유'다. 내 것을 갖는다는 의미다. 내 돈, 내 차, 내 땅, 내 집 등 욕망의 대상은 다양하다. 우리 실생활에서 인간의 욕망이 가장 잘 표출된 공간을 말하라면 나는 모델하우스를 꼽고 싶다. 모델하우스는 '욕망'의 상징이다. 개인적 욕망과 사회적 욕망, 정치적인 욕망이 모여 전시되고 거래되는 장소이자 시장(marketplace)이다. 이와 유사한 공간이 하나 더 있다. 바로 백화점이다. 이 둘은 인간의 욕망을 상징하는 대표적 공간으로 닮은 점도 많다.

두 공간 모두 물건을 전시하고 판매한다. 매우 친절하며, 상품을 설명하거나 공간을 안내하는 도우미와 판매 직원이 배치되어 있다. 디스플레이는 화려하고, 구매 욕구를 불러일으키도록 전시되어 있다. 꼭 구매하지 않아도 좋으니 지인들에게 입소문을 내달라는 의도가 숨어 있다.

외관도 매우 닮았다. 형태가 직육면체이면서 벽면에는 옥외광고물이 부착된다. 내부로 들어가면 더 유사하다. 창문과 시계가 없다. 모델하우스나 백화점 실내에는 창문이 없어서 시간의 흐름을 느낄 수 없다. 시간 가는 줄 모르게 진열된 상품에 집중하라는 의도다. 판매 공간이 썰렁하면 물건을 살 사람도 구매 욕구가 줄어들 수 있어 장시간 체류를 유도해서 항상 사람이 붐비게 한다.

그리고 줄을 세운다. 각종 이벤트를 기획해 한정 품목 또는 한정 수량을 내세워 고객의 구매심리를 자극한다. 백화점은 정기 바겐세일 행사를 열어 많은 고객을 백화점 안으로 끌어들이고, 각각의 매장들은 그들만의 줄 세우기를 한다.

모델하우스는 오픈 이벤트를 통해서 줄 세우기를 한다. 줄이 길면 관심도가 높다는 의미로 입소문을 낼 수 있고, 모델하우스 안팎으로 길게 늘어선 모습을 사진으로 찍어 언론에 기획기사를 내보낸다. 청약을 희망하는 수요자도 긴 줄을 기대한다. 청약에 당첨되면 분양가보다 높은 프리미엄을 기대할 수 있기 때문이다.

쇼핑백을 지급하는 것도 공통점이다. 백화점마다 자신의 브랜드를 상징하는 쇼핑백이 있다. 마찬가지로 모델하우스도 아파트 브랜드를 상징하는 쇼핑백을 제공한다. 이 쇼핑백은 물건을 담는 용도 외에 구매자의 욕망을 담아 세상에 퍼트리는 홍보 효과를 의도하기도 한다.

인간의 욕망을 잘 살피는 것은 부동산 투자에 있어서도 중요하다. 인간의 욕망이 많이 집중되는 지역과 장소, 입지와 공간을 중심으로 투자 물건을 검토하는 것이 좋다. 대한민국에서 사람들의 욕망이 가장 집약된 지역이 서울의 강남이다. 강남의 집값이 가장 높은 이유는 욕망이 집약된 입지이기 때문이다. 자녀에게 좋은 직업과 상류층 인맥을 만들어 주고 싶은 욕망으로 학군이 좋은 주거 입지를 선택하는 경향도 이런 이유다. 서울뿐 아니라 지방 도시에서도 선호하는 학군과 주거지가 존재한다. 이런 입지만 골라서 가격이 하락한 시점에 전세가율이 높은 아파트를 골라 투자하면 큰돈을 들이지 않고 높은 수익률을 기대할 수 있는 안전 투자가 될 수 있다.

여기서 조심할 점은 공급자는 인간의 욕망을 마케팅에 활용한다는 것이다. 사람들은 부동산 마케팅에 속아 욕망의 겉모습만 보고 잘못된 부동산 투자를 하는 경우가 많다. 한 가지 사례를 들자면 지난 몇 년 사이 서울의 강남, 서초, 용산 지역에 많이 공급된 '하이엔드 주거상품'으로 포장된 고가의 도시형생활주택&오피스텔 소규모 주거단지들이다.

　서울의 아파트 가격이 천정부지로 높이 치솟자 서울의 부자 동네라고 하는 이면도로의 소규모 땅들이 개발 압력을 받으며 '하이엔드'란 이름을 달고 새로운 분양상품으로 나왔다. 이들 상품의 특징은 도시형생활주택&오피스텔로 구성 또는 공동주택 30세대 미만으로 상품을 계획해서 분양가 상한제를 적용받지 않았다. 분양가를 사업주 임의대로 높게 책정하고, 고급 인테리어와 초호화 커뮤니티 시설을 도입해 $3.3 m^2$ 당 1억이 훨씬 넘는 높은 분양가를 책정한 것이다.

　그리고 인간의 욕망을 자극하는 광고와 마케팅 기법으로 분양에 나섰다. 대한민국 0.1%라는 우월감, 특정인만 가질 수 있다는 소유욕, 이런 곳에 살면서 뽐내고 싶은 자부심, 나는 다르다는 차별성, 여기밖에 없고 앞으로도 나오기 힘들다는 희귀성 등을 내세워 인간의 욕망을 부채질하는 VIP 마케팅을 도입해 판매했다.

　그런데 최근 이들 하이엔드 상품이 입주가 되지 않아서 곤란을 겪고 있는 곳이 한둘이 아니다. 주변 시세 대비 월등히 높은 분양가 때문에 전세 세입자를 구하지 못해 잔금도 내지 못하고 경매로 나온 물건이 매우 많다. 월세도 주변 여건을 고려할 때 영업직원이 홍보한 예정가보다 현저히 낮게 책정할 수밖에 없으니 임대수익으로 대출이자도 갚지 못하는 현상이 벌어지고 있다. 공급자는 인간의 욕망을 마케팅에 활용해 하이엔드 상품으로 포장해서 분양했고, 수분양자는 인간의 욕망에 편승하거나 이용당해 빗나간 투자를 한 셈이다.

투자, 즉 재테크의 세계는 인간의 욕망을 먹고 자란다. 그래서 인간의 욕망이 어디로 흘러가는지 보는 시각과 판단력이 중요하다. 이것을 가장 저렴하고 쉽게 기를 수 있는 방법이 있다. 바로 독서다. 독서를 재테크의 관점에서 보는 시각을 갖추면 실패하지 않는 재테크의 길로 들어설 수 있다.

Read to Riches

제2부

부의 파이프라인을 만드는 재테크 실전편

제3장

독서로 부동산 투자와
N잡 재테크 하기

01
부동산 투자의 핵심은 타이밍이다

집이란 무엇인가? 에드윈 헤스코트의 《집을 철학하다》를 읽고 나서 나는 집에 대해 다음과 같이 여러 가지로 정의내려보았다. '집은 자립이다.' '집은 정의다.' '집은 자존심이다.' '집은 인격이다.' '집은 살아가는 공간이다.' '집은 은신처다.' '집은 상속이다.' '집은 재테크다.' '집은 교환, 화폐다.' '집은 이념이다.' '집은 전세다.' '집은 약속이다.' '집은 떠났다 돌아오기다.' '집은 성실함이다.' '집은 욕망이다.' '집은 차별화다.' '집은 우월감이다.' '집은 나눔 분배다.' '집은 사랑이다.'

개인적으로 또는 사회적으로 연상되는 단어들로 써보았다. 위의 정의는 집에 대한 우리 사회가 보는 시각들로 우리는 개인에 따라 집을 바라보는 관점이 다르다. 집은 인간의 욕망이 집약된 공간이다. 집 지을 땅을 차지하기 위해서 전쟁은 끊이지 않았고, 더 좋은 자리에 집을 소유하고자 하는 인간의 탐욕은 멈출 줄 모른다. 20여 년간 내게 집은 '교환가치'의 비중이 컸다. 사고·팔고, 빌리고·빌려주는 행위를 통해서 집의 시세차익과 임대료 수익의 높고 낮음을 평가하는 것이 집에 대한 나의 생각이었다.

나는 2011년부터 부동산 투자 관련된 책을 읽기 시작했다. 변하지 않는 투자의 제1원칙은 '쌀 때 사서 비쌀 때 파는 것'이다. 부동산을 싸게 사는 방법 중 하나가 바로 경매다. 그래서 경매, 재개발, 재건축, 갭투자, 지역분석 등의 재테크 관련 책들을 사서 주말에 집중적으로 읽고, 세미나에 참석하고 현장답사를 다녔다. 여러 책과 데이터를 종합한 결과 서울의 아파트 가격이 가장 낮은 시점이 2013년 하반기라고 판단했다.

첫 번째 이유는 전세가율이 80%를 넘어 지속적으로 상승하고 있다는 점이었다. 두 번째는 2008년 세계 금융위기로 2013년까지 부동산 시장 침체기에 아파트 입주 물량이 크게 줄었다는 점이다. 따라서 신규 아파트의 공급량이 감소하고, 매매가와 전세가의 갭이 줄어들면서 전세 수요가 매매 수요로 전환되면, 결국 서울의 아파트 가격은 큰 폭으로 상승할 것이기 때문이다.

당시 나는 지금 집을 사지 않으면 영영 사지 못할 수도 있겠다는 위기감을 느꼈다. 주식 투자를 할 때 저점에서 상승세로 돌아서면 본전 생각에 추격매수가 어렵다. 부동산도 마찬가지다. 게다가 부동산은 단기간에 수천만 원에서 억대까지 가격이 상승하기도 한다. 그래서 부동산 상승장에 추격매수로 돈을 벌 수 있는 투자자는 매우 한정적인 것이다.

나는 2013년 12월에 서울 2호선 더블역세권에 위치한 아파트를 계약하고, 2014년 봄에 소유권 이전을 마쳤다. 예상은 적중했다. 2014년부터 서울의 아파트값은 서서히 오르기 시작해 8년간 지속적으로 상승한 것이다. 그리고 2020년 예상치 못한 코로나19의 확산으로 시중 유동성이 급증하기 시작했다. 전 세계적 팬데믹으로 침체된 경제를 살리기 위해 막대한 양의 돈이 풀리기 시작한 것이다.

우리나라도 정부에서 소상공인 지원 등 수십조의 정책 지원금을 풀었다. 여기에 한국은행의 기준금리 인하는 계속되어 0.5%라는 초저금리 시대가 열렸다. 전 세계가 팬데믹으로 경제가 저성장의 늪에 빠졌는데 대한민국은 부동산 시장의 호황기를 누리게 된 것이다. 특히 2019~2022년 상반기까지 3년 반 사이에 아파트값이 급등했다. 코로나19 펜데믹으로 만들어진 유동성 장세는 주택 가격 폭등이라는 결과로 돌아온 것이다.

2014년 생애 첫 내 집 마련을 계기로 이때부터 1년에 한 채씩 집을 매입한다는 전략을 세웠다. 매년 월급을 저축해서 3000만

~4000만 원을 모으면 아파트 한 채를 살 수 있었다. 신규 분양 아파트의 계약금 10% 또는 매매가와 전세가 갭이 적은 아파트의 경우 소액 투자가 가능했기 때문이다.

부동산 투자의 핵심은 타이밍이라고 말한다. 언제 사서 언제 파느냐가 투자의 거의 전부를 좌우한다는 의미다. 보통 매수 시점을 알려주는 시그널은 많다. 그리고 아주 단순하다. 거래량이 증가하면 가격은 오른다. 공급이 부족하거나 수요가 증가하면 가격이 오른다. 금리하락은 부동산 수요를 증가시킨다. 이런 데이터는 모두 공개되기 때문에 우리가 쉽게 알 수 있다. 한마디로 부동산 상승 시점은 누구나 쉽게 파악할 수 있다는 말이다.

한번은 이런 경험이 있다. 서울의 아파트 매매가가 오르기 전인 2013년 말에 매수한 아파트가 약 100%가 오른 2018년경, 나는 아파트를 팔려고 단지 내 부동산중개소에 들렀다. 중개사 사장님과 대화를 하는 한 시간 사이에 고객이 세 팀이나 방문했다. 그들은 네이버 부동산에 내놓은 매물을 지금 바로 계약하겠다고 했다. 그래서 저분들은 뭐 하시는 분들이냐고 물어보니 중개사 사장님은 갭투자 하는 투기꾼이라고 말했다. "오늘처럼 주말이면 갭투자가들이 많이 와요"라는 말을 듣고 지금은 집을 팔 때가 아니구나 라고 판단해 매물을 내놓지 않았다. 그 뒤로 2배가 더 올라 결국 2021년 실거래가 대비 매매가 상승은 약 2.8배, 자기자본 투자수익률은 약 600%로 성공적인 투자가 되었다.

부동산 투자에서 가장 중요한 핵심은 빠른 실행력이다. 부동산 시장의 회복 시점과 하락 시점을 알 수 있는 분석력을 키우고, 때가 왔을 때 빠르게 실행하는 것이다. 2014년에 '1년에 집 한 채씩 매입하겠다'라는 목표를 세우고 실행에 들어갔고, 2021년경 다수의 자산을 매각한 것이 적중했다. 재테크 관련 책만 400권 이상 본 결실이라고 할 수 있다. 책을 읽고 현장을 답사하고 판단 및 의사결정을 내렸다. 그래서 독서가 자산 증식에 중요하다고 강조하고 싶다. 부자들이 독서를 많이 하는 이유도 바로 이런 이유 때문이다.

위에서 말한 투자의 과정을 정리해보면 다음과 같다.

2025년 6월 기준 아파트 매매가 추이

(단위: 3.3m² / 만 원)

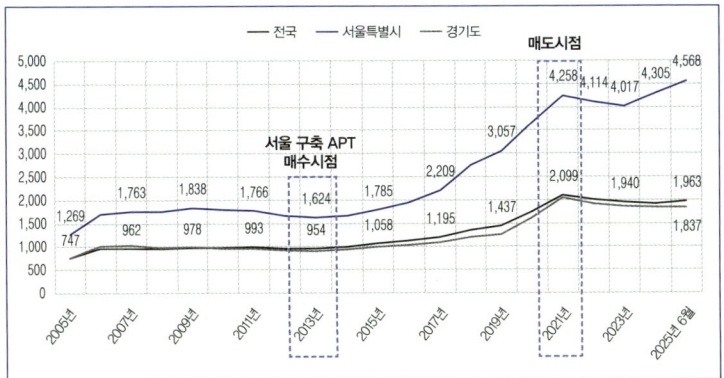

〈출처 : 부동산114 자료 활용〉

	2005	2006	2007	2008	2009	2010	2011	2012	2013	2014	2015	2016	2017	2018	2019	2020	2021	2022	2023	2024	2025.6
전국	747	948	962	947	978	972	993	953	954	989	1,058	1,118	1,195	1,348	1,437	1,751	2,099	1,999	1,940	1,918	1,963
서울특별시	1,269	1,706	1,763	1,750	1,838	1,796	1,766	1,654	1,624	1,670	1,785	1,944	2,209	2,758	3,057	3,662	4,258	4,114	4,017	4,305	4,568
경기도	761	1,025	1,039	979	997	965	966	921	918	945	1,006	1,047	1,095	1,202	1,260	1,617	2,038	1,913	1,845	1,838	1,837

▣ 2013년 생애 최초 내 집 마련의 이유: 아파트 매매가 추이로 본 부동산 시장환경
  - 2008년 전국 미분양 18만 세대에서 꾸준히 감소
  - 아파트 매매가 하락, 전세가 상승세 이어짐
  - 전세가율 상승(갭투자 환경이 좋아짐)
  - 2014년~2021년 부동산 호황기
  - 규제 완화 (2015년 정부 "빚내서 집 사라")
  - 유동성 증가 (금리 인하, 코로나19 지원금 등)
  - 아파트 매매가 2013년 최저점, 2021년 최고점

▣ 2021년 소유 부동산 매각 이유: 오를 만큼 올랐다는 판단으로 수익 실현
  - 2022년 급격한 금리 인상 (기준금리 3.5%, 담보대출금리 인상)
  - 수익형 부동산 침체기 (매물 증가, 시세 하락, 경·공매 물건 증가)
  - 아파트 매매가 하락 (거래량 감소)
  - 아파트 미분양 증가 (분양가 급상승 : 건설원가 상승, 분양가상한제 폐지)
  - 2023년~2026년 아파트 입주 물량 감소세
  - 2021년부터 공사비 급상승

02
아파트 투자의 4가지 정석

부동산 시장은 돌고 돈다. 주춤한 부동산 시장이 언제 다시 상승할지는 아무도 모른다. 그러나 나는 투자에 있어 다음과 같은 원칙을 지킨다. 첫째 안정성, 둘째 환금성, 셋째 지속성이다. 이렇게 하면 이기는 투자를 할 수 있다. 이기는 투자를 하려면 몇 가지 투자 기술이 필요하다. 그래서 선택한 재테크 종목이 부동산이고, 그중에서 아파트를 선호한다. 부동산 투자에서는 1년 앞을 내다보고 남들보다 6개월 앞서 실행하면 이기는 투자가 가능하다고 생각한다. 아파트 투자의 정석을 간략히 정리하면 다음과 같다.

첫째, 이기는 투자를 하자.

싸게 사면 투자 안정성이 높아진다. 나는 모든 투자에 있어 원금을 잃지 않는 것을 기본으로 하고 있다. 즉, 저평가된 물건을 쌀 때 사는 것(매수)을 말한다. 그래서 부동산은 타이밍이 중요하다. 부동산 사이클을 이해하면 매수·매도 타이밍을 잡을 수 있다.

그렇다면 부동산 하락기에 들어선 시기에는 어떻게 하면 될까? 이 시기는 공부를 하면서 재투자를 준비하는 시간이다. 2022년, 2023년처럼 높은 금리로 실수요가 감소하고, 투자수요가 관망으로 돌아선 부동산 하락기에는 아무런 투자를 하지 않는 것도 '재테크'가 될 수 있다.

2006년에서 2007년 사이, 그리고 2021년에서 2022년 상반기에 서울의 집값이 가장 높을 때 구축아파트 또는 프리미엄을 주고 분양권을 매수한 투자자를 여럿 보았다. 2007년 부동산 시장의 가장 정점에서 서울에 아파트 한 채와 고양시에 아파트 분양권 2개를 매입한 지인은 10년간 대출이자만 열심히 갚다가 부동산 시장이 회복기에 접어든 2016년에 더 버티기 어렵다며 원가보다 조금 높게 아파트를 팔았다. 그런데 3년 사이에 그 아파트 가격이 두 배 넘게 상승해서 결국 실패한 투자가 되고 말았다.

또 2021년을 살펴보면, 전국적으로 집값 상승의 가장 정점에서 자신만 자산시장에서 도태되었다는 불안감 때문에 또는 더 큰 시세차익을 기대하며 영혼까지 끌어모아 투자한 영끌족이 상당히 많았다. 다수의 투자자는 부동산 시장의 사이클을 거꾸로 탄다. 그리고 수년간 대출이자만 열심히 갚다가 결국 본전 가격에 팔게 된다. 그런데 문제는 그렇게 팔고 나면 가격이 다시 오른다는 것이다.

앞으로의 부동산 사이클은 어디에 속할까? 누구도 확신할 수 없기에 경제 부동산 사이클 예측을 위해 책을 보며 공부를 해야 한다. 과거를 알면 현재 나의 위치를 확인할 수 있고, 미래가 보인다. 부동산 투자에서 미래는 이삼 년 길어야 5년에서 10년 내외다. 감가상각이 없는 재화는 부동산 중에서도 토지와 아파트다. 환금성을 고려한다면 아파트가 좋다. 서울의 저평가된 아파트를 부동산 하락기에서 상승기로 접어든 2010년대, 그리고 2022년부터 2023년에 투자했다면 안정성, 환금성, 지속성 모두 감안한 투자가 될 것으로 생각한다.

둘째, 수요·공급 사이클을 이해하자.

앞에서도 언급했듯 아파트 가격 및 거래 정보는 모두 공개된다. 우리는 여기에 공급 물량을 파악해서 특정 지역의 아파트 시장 동향을 한눈에 볼 수 있게 정리할 수 있다. 지역별 수요공급 사이클을 이해할 수 있어야 지속적인 투자가 가능하고, 이기는 투자를 할 수 있다. 그러기 위해서는 몇 가지 확인이 필요하다. "부동산은 비교 학문이다"라는 말이 있다. 그만큼 부동산의 가치 평가는 비교 사례를 바탕으로 하기 때문이다. 비교의 핵심은 기준점을 알아야 한다는 것이다. 기준값은 평균값이라고 이해해도 무방하다.

아래 표는 내가 지역별 가격 및 수요공급 사이클을 한눈에 파악하기 위해서 만들어 사용하는 '지역별 아파트 수급분석 그래프'다. 지역별로 매년 분양 물량, 미분양, 입주량을 파악해 10년치 평균값(수요량)을 기준으로 향후 공급량을 판단하고, 공급이

2025년 6월 기준 경기도 아파트 수급 분석

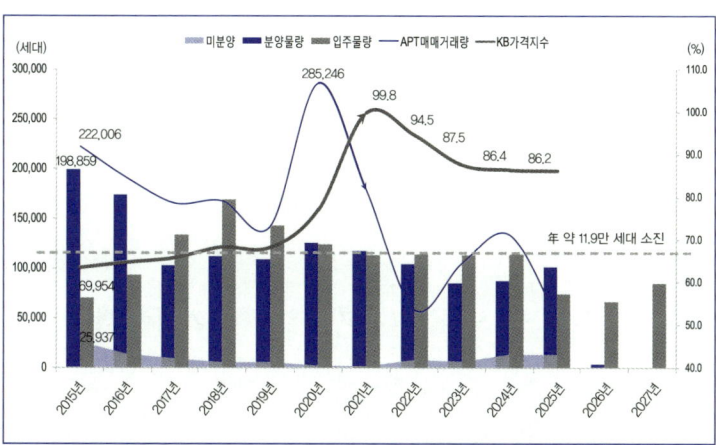

	2015년	2016년	2017년	2018년	2019년	2020년	2021년	2022년	2023년	2024년	2025년	2026년 예정	2027년 예정	年 평균
분양물량 (세대수)	198,859	173,941	102,425	111,193	108,463	124,915	117,218	103,428	84,385	87,267	100,405	3,402		119,318
입주물량 (세대수)	69,954	92,865	133,551	168,945	143,267	124,085	113,148	113,731	112,884	114,008	73,918	66,557	84,271	114,578
미분양 (세대수)	25,937	13,362	8,793	4,968	5,085	1,616	1,030	7,588	5,803	12,954	12,941			9,098
年 소화물량 (세대수)	187,645	186,516	106,994	115,018	108,346	128,384	117,804	96,870	86,170	80,116	100,418			119,480

〈출처 : 부동산114 자료 활용, KB부동산〉

현저히 부족한 지역을 투자 유망지역으로 선정한다. 그리고 거래량과 가격지수를 확인해 투자를 결정한다.

여기서 핵심은 전국적으로 동시에 영향을 주는 금리 및 정책 같은 요소와 지역별로 다르게 영향을 미치는 '공급'이라는 요소를 별개로 생각해야 한다는 점이다. 2025년은 앞으로 다가올 남은 기회를 잡을 수 있는 시작점이 될 것이다. 특히 수요 대비 공급이 절대적으로 부족한 서울의 구축, 신축, 분양 예정 아파트를 눈여겨보면 좋다.

셋째, 외부에 속지 말자.

부동산 정책에 속지 말고, 언론에 속지 말고, 전문가에게 속지 말자. 그리고 부동산 마케팅과 영업에 속지 말자. 정책과 언론은 공공성의 영역이다. 하지만 정부도 언론도 그들만의 색깔과 이해관계가 있다. 그리고 예측은 빗나갈 수 있다. 허울 좋은 명분이 앞설 때도 많다. 또 부동산 전문가들의 말을 가려서 판단할 줄 알아야 한다. 그들의 주장에 동조할 게 아니라, 투자 포인트를 읽어내고 통계 데이터를 활용해야 한다.

모든 제품은 공급자와 수요자가 있다. 그 중간에 시장과 마케터가 존재한다. 아파트 분양의 경우 분양홍보관이 제품이면서 시장(marketplace)이다. 분양상담사는 마케터다. 여러분은 수요자다. 마트에서 제품의 특장점을 살펴보고 가격 비교를 통해서 합리적인 구매 결정을 내리듯이 분양홍보관에서 아파트를 계약하거나 오피스텔 또는 상가를 분양받을 수 있을까?

그렇지 않다. 그럴 수 있는 사람은 거의 없다. 그 이유는 분양홍보관은 공급자의 의도대로 연출되고, 운영되는 곳이기 때문이다. 공급자의 제품만이 돋보일 뿐 비교 대상이 없으며, 분양상담사는 팔아야 수입이 생기는 구조다. 정보의 비대칭이 분양홍보관만큼 크게 벌어지는 곳이 없다. 아파트뿐만이 아니라 오피스텔, 상가, 지식산업센터, 분양형 호텔, 생활형 숙박시설 등의 수익형 부동산에 영업사원이나 지인의 말만 듣고 투자해서 큰 손해를 보는 사람이 부지기수다. 앞서 말한 것처럼 부동산은 정보의 비대칭이 클 수밖에 없다. 공급자가 제공하는 정보는 의도가 숨어 있다. 마케터의 의도를 파악하는 것이 부동산 공부이며 재테크의 시작이다.

<u>넷째, 지수와 평균값을 기억하자.</u>

주식 투자에는 다양한 지수가 있다. 그리고 투자 종목의 몇 가지 지수만을 확인하면 대략 우량 주식인지 아닌지 판단할 수 있다. 그런데 부동산에는 주식처럼 투자의 가치나 판단의 근거가 되는 지수가 매우 부족하다. 정형화 또는 로직화되어 있지 않다는 말이다. 그래서 자신만의 부동산 지수를 만들어야 한다. 여기에 도움 될 만한 책이 있다. 국내 1호 부동산 빅데이터 전문가인 김기원 작가의 《빅데이터 부동산 투자》를 보면 다양한 지표를 분석해서 쉽게 이해할 수 있도록 지수로 만들어 시각화했다.

부동산의 특성 중 하나는 가변성과 개별성이 크다는 것이다. 그래서 평균값이 중요하다. 부동산의 가치 판단 기준은 보통 원가법, 수익환원법, 비교 사례법, 이 세 가지로 알 수 있다. 그중 비교 사례를 가장 보편적이면서 중요하게 사용한다. 이는 기준이 되는 부동산 물건과 유사한 상품으로 위치, 규모, 브랜드, 시세 등을 서로 비교해 가치를 판단하는 방법을 말한다. 그래서 평균값을 구하면 여기에 특정 지수를 곱하고 나누고 더하고 빼기를 통해 산출된 숫자를 활용해 투자 유망지역 또는 상품군, 개별 물건으로 폭을 좁혀 갈 수 있다. 그 외에도 평당가격을 활용해 일등부터 서열화시키면 빠르게 이해할 수 있고 암기하기 좋다. 여기에 데이터와 지역을 묶어서 권역화하면 시각적이면서 더욱 이해하기가 쉽다.

03
부동산 투자를 결정하는 5가지 요소

특정 지역을 대상으로 부동산 투자를 할 때 투자를 결정하는 5가지 요소는 다음과 같다. 수급(수요·공급량, 미분양), 거래량, 매매 지수, 전세가율, 인구 증감이다. 이들을 파악하기 위해서 이와 연관된 부동산 지수를 알아보자.

가장 중요한 것은 아파트 수요 추정이다. 주택 수요는 매매가 및 임대가에 가장 크게 영향을 미치는 요인이기 때문이다. 아주 간단한 방법으로 인구수에 0.5%를 곱하는 것이다. 예를 들면, 인구 100만 도시의 연간 평균 주택수요량은 100만 명에 0.5%를 곱하면 5,000세대가 나온다. 이 숫자가 기준이 된다. 여기서 인구가 증가하고 있으면 0.6%, 또 아파트 노후도가 매우 높아 재건축 재개발 등의 개발 호재가 여럿 있다면 0.7%를 곱하기도 한다.

그러나 여기에는 변수가 작용한다. 서울을 예로 들어보겠다. 2023년 기준 서울시 인구는 약 938만 7,000명이다. 여기에 0.5%를 곱하면 약 4만 6,900세대가 적정 수요량이다. 하지만 서울시는 2014년 약 1,010만 3,000명에서 매년 인구가 줄어들고 있다. 그러나 서울시의 인구수가 감소한다고 해서 서울의 주택수요량이 줄어든다고 판단하는 사람은 없을 것이다. 그 이유는 가수요, 즉 투자수요 때문이다. 특히 서울의 아파트 신규 공급에 투자하려는 실수요 및 가수요는 매우 많다. 그래서 나는 서울시 인구수에 0.7%를 곱해 매년 신규 아파트가 약 65,700세대 정도 공급되어야 한다고 생각한다.

하지만 현실을 보면, 2024년 서울시 아파트 입주 물량은 약 37,800세대였다. 턱없이 부족한 수량이다. 그래서 서울의 아파트 투자가 안정적이면서도 수익률이 높은 것이다. 인구는 줄어도 주택 수요가 받쳐주는 곳이 바로 서울이다. 인구 감소에도 주택 공급이 매년 부족한 도시, 대규모 택지 공급이 어렵거나 가용 용지가 부족한 도시, 대기업 개발 이슈 및 교통 호재 등으로 가수요가 붙는 지역을 확인해볼 필요가 있다.

다음은 아파트 공급량 추정이다. 최근 10년 치 평균 공급량을 계산해 현시점과 비교해서 판단한다. 아파트 공급량에는 분양 물량, 미분양 물량, 입주 물량이 있다. 이중 올해의 적정 분양 물량 산정 방법으로는 작년도 미분양 물량에 올해의 분양 물량을 더하고 여기에 올해의 미분양 물량을 빼면 된다.

예를 들어 A 도시에 작년 미분양 물량이 1,000세대, 올해의 분양 물량이 5,000세대, 올해의 미분양 물량이 500세대라고 가정하자. 그러면 올해의 적정 분양 물량은 1,000세대+5,000세대-500세대로 계산해 5,500세대로 추정하는 것이다. 이들 10년간의 평균값을 구해 올해와 내년 분양 예정 및 입주 예정 물량과 비교하면 공급 물량이 많은지 적은지 알 수 있다.

입주 예정 물량은 향후 3년간을 추정할 수 있다. 10년 평균치보다 월등히 많은 곳은 집값 하락이 예측되는 지역으로 투자 지역에서 제외하면 된다. 한 도시의 적정 미분양 물량도 인구수로 간단하게 알아볼 수 있다. 인구수에 0.1%를 곱하면 된다. 즉, 인구 100만 도시라면 1,000세대가 적정 미분양 물량인 셈이다. 이 정도 미분양 물량은 시장 분위기에 따라서 빠르게 소진이 가능하다.

하지만 미분양 물량이 적정지수 대비 계속 증가하고 있다면 주의가 필요하다. 예를 들면, 2024년 4월 대구광역시의 미분양 물량은 9,667세대로 적정지수 대비 약 400%로 매우 높으며, 더욱 심각한 것은 준공 후 미분양 물량이 12개월 연속 증가했다는 점이다.

그리고 전세가율과 거래량으로 투자 지역과 시점을 판단한다.

전세가율이란 전세가를 매매가로 나눈 비율을 말한다. 과거 한동안 갭투자가 유행할 수 있었던 것은 전세가율이 90%를 초과해 거의 100%에 육박했기 때문이다. 투자금이 전혀 들어가지 않는 무피투자, 종잣돈이 오히려 플러스된 플피투자란 말이 나온 것도 전세가율이 높았기 때문이다. 일반적으로 전세가율이 70%를 초과할 때 전세 수요자가 매매로 전환한다. 이유는 전세 세입자는 매매가의 30% 차액만 마련하면 되고 나머지 차액은 매수 물건의 담보대출을 활용하면 가능하기 때문이다. 여기에는 대출금리가 작용하는데, 저금리 추세 또는 고금리에서 금리가 낮아지는 시그널을 보일 때 전세에서 매매로 전환하는 수요가 빠르게 증가한다. 이것은 거래량으로도 확인할 수 있다.

매매 수요가 증가하면 가격은 점차 오르기 시작한다. 하지만 전세가율이 높다고 좋은 것만은 아니다. 지방 도시의 경우 전세가율은 높으나 매매가 상승이 매우 저조할 수 있다는 것도 유념해야 한다. 전세가율이 높아 투자금이 적게 들어가는 것 중 향후 개발 호재와 재개발 재건축이 진행되어 주거환경이 개선될 경우 매매가 상승이 예측되는 곳을 선택하는 것이 바람직하다.

결론적으로 '아파트 투자의 정석'을 키워드로 요약해 보면 타이밍, 소액, 레버리지와 수익률, 안정성과 환금성이 우수한 아파트라고 할 수 있다.

04
브런치 카페 창업을 통해 알게 된 자영업의 현실

2011년 부동산시장의 침체 속에서 지식산업센터 개발을 위한 1만 평의 토지 계약이 해지되고, 계약금 75억 원을 날려 버리는 상황에 직면하자 상사와의 갈등도 심해지고, 회사생활에 큰 회의가 느껴졌다. 그래서 직장을 떠나 카페를 하고 싶다는 생각을 하고 있던 차에 우연히 《우리 카페나 할까》라는 책을 만나게 되었다. 그때부터 서울 지역 가볼 만한 카페를 소개한 책, 커피, 인테리어, 건축, 창업 관련 책들을 주로 읽으며 '북카페' 창업을 머릿속에 그리면서 직장생활의 어려움을 이겨내고 있었다.

그리고 종각역 인근의 한 요리학원 바리스타 과정을 등록해서 두 달간 퇴근 후 커피 이론과 실무를 배웠다. 그런데 이 시기가 바리스타 수강생도 많았고 카페창업도 많았던 시기였다. 바리스타 자격증 이론 시험을 보는데, 서울시험장은 모두 차서 강원도 춘천의 한림대학에 가서 필기시험을 치를 정도였다. 실기시험은 10분 안에 에스프레소 4잔, 카페라테 4잔을 만들어 심사위원에게 시연하고 뒷정리까지 마무리하는 과정을 평가했다. 결국 시험에 합격해 바리스타 자격증을 취득했다. 2011년 《우리 카페나 할까》를 읽고서 2012년 봄에 바리스타 2급 자격증을 취득했고, 3년 뒤 마침내 브런치 카페를 창업했다.

내 카페를 갖고 싶다는 열망이 한창 커져갈 때 모 대학교에서 헬스클럽을 운영하는 지인이 이런 말을 해줬다. "대학교에 있는 카페가 장사가 얼마나 잘되는지 알아? 임대료 싸지. 방학 때는 영업할 필요도 없어." 요약하면 영업이익률이 매우 높고 관리가 쉽다는 것이다. 그래서 시장조사를 해보니 대학 내 카페는 많은 시설투자가 필요 없고, 임대료가 저렴하고, 운영이 쉽다는 장점이 있었다. 하지만 반대로 객단가가 높지 않아 큰 수익은 기대하기 어렵다는 단점도 있었다.

나는 사업 제안서를 만들어 대학교 부대시설 카페 운영 입찰공고에 입찰도 해봤고, 시청 시설관리공단의 카페 입찰도 시도해 봤다. 그런데 모두 떨어졌다. 그래도 카페 운영에 대한 미련을 버리지 못하고 있었는데, 우연한 기회가 찾아왔다.

2015년 동생이 "오빠 좋은 카페가 매물로 나왔는데 한번 와

볼래"라고 연락이 와서 한걸음에 달려가 둘러보았는데, 그곳이 너무 마음에 들었다. 게다가 당시 메르스가 확산되던 시기여서 가게 인수 가격을 많이 낮출 수 있었기 때문에 빨리 결정을 내릴 수 있었다. 시설 인수 자금과 임대료로 보증금 및 월세, 그리고 최소한의 운영자금이 필요했다. 그 당시 나는 매년 집 한 채씩을 매수한다는 계획이 있었기 때문에 긴급하게 투자할 경우를 대비한 예비금을 갖고 있었다.

당시 나는 세종시 미분양아파트 2채 매수를 고려하고 있었다. 4년 된 청약통장과 5년간 납부한 연금보험을 해지해 카페창업 비용에 충당했다. 이렇게 바리스타 자격증을 취득하고 3년 반 만에 나의 브런치 카페를 창업하게 되었다.

카페는 전용면적 50평 규모로, 점심시간에는 파스타, 샌드위치, 커피 메뉴를 팔고, 저녁에는 와인과 수입 맥주를 판매했다. 원두, 샌드위치 빵, 채소 등 식자재는 최상급을 사용했고, 단골손님은 개인 취향에 맞는 와인을 가져와서 마시는 것을 허용했다.

카페는 전적으로 동생이 운영했고, 나는 직장인으로서 부업으로 4년간 카페영업을 지속했다. 나는 카페에 주말 또는 반차를 내고 금요일 오후에 들러 카페일을 도왔다. 이렇게 한 권의 책은 나의 로망을 실현해 주는 계기가 되었고, 값진 인생 경험을 갖도록 해주었다.

로망으로 시작한 카페 운영을 통해 돈을 많이 벌었는지를 결론적으로 말하면, 돈을 버는 데는 실패했다. 그 이후에 세종시 아파트값이 폭등했으니 카페 할 돈으로 미분양아파트를 분양받았으면 투자에 크게 성공했을 수도 있다. 경험을 해보니 자영업은 참 어렵고 변수가 많다. 공간이 예쁘고 음식이 맛나고 분위기가 좋으면 잘될 거라는 막연함으로 요식업을 시작하는 것은 망하는 지름길임을 경험을 통해 배우게 되었다. 처음에는 오픈빨이 있고 경쟁자가 없어 장사가 잘되지만, 시간이 지날수록 신생 업체가 생겨나고, 트렌드가 바뀌는 등 카페 운영은 녹록치가 않았다. 그래도 소중한 경험을 얻었으니 후회는 없다.

내 인생 처음으로 모험을 쫓아 시도한 일이 브런치 카페를 창업한 것이다. 투자를 할 때 여러 가지를 고려해 신중하게 투자를 하는 나도 카페 창업 때는 이것저것 재지 않았다. 자금 계획도 크게 걱정하지 않았다. 동생 지인을 통해서 매물로 나온 카페가 그냥 마음에 들었다. 카페 관리 운영도 크게 걱정하지 않았다. 열망했던 공간을 소유하고 내 방식대로 운영하면 되겠지 하는 막연한 기대감으로 현실에서 부딪쳐야 할 여러가지 난관은 생각하지 못했다.

카페 창업은 투자 측면에서 분석해보면 큰 수익을 내지 못했다. 그로 인해 다른 투자 기회를 잡지 못한 것에 대한 기회비용이 손실이라면 큰 손해라고도 볼 수 있다. 하지만 후회나 아쉬움은 전혀 없다. 왜냐하면 한 살이라도 젊은 나이에 큰 경험을 해보았기 때문이다. 이왕에 할 거라면 빨리 결정하고 시도하고 망해 보는 것도 나쁘지 않다고 생각한다. 물론 본인이 감당할 만한 수준에서 말이다. 해봤기 때문에 늦은 나이에 퇴직금 또는 빚을 내어 자영업에 뛰어들지 않을 것이기 때문이다.

실패의 경험을 통해 만약 카페를 창업한다면 준비해야 할 몇 가지가 있음을 알게 되었다.

창업 전에 아르바이트를 먼저 해볼 필요가 있다. 나는 고객 응대, 테이블 정리, 서빙, 청소, 결제 방법과 같은 장사에 대한 실무 경험이 전혀 없이 카페를 창업했다. 그러다 보니 카운터에 서 있을 때면 고객과 눈 마주치는 것이 두려웠다. 그때 장사는 아무나 하는 것이 아니구나 라고 깨달았다. 창업 전에 카페 관련한 실무 경험을 충분히 해볼 필요가 있다.

또한 본인과 잘 맞는 카페 콘셉트를 정하는 것이 중요하다. 이는 카페의 성공뿐만 아니라 지속 가능성에도 큰 영향을 미치기 때문이다. 한마디로 브랜드 정체성 확립이라고 할 수 있다. 카페가 어떤 가치와 경험을 제공하는지를 명확하게 전달해야 손님들의 기억에 남을 수 있다. 프랜차이즈 카페 중 스타벅스가 잘하는 것이 이 부분이다. 시장에는 다양한 카페가 존재하기 때문에 본인만의 독특한 콘셉트를 통해 경쟁에서 눈에 띄는 것이 중요하다.

콘셉트는 카페를 차별화하는 요소가 되며, 이는 고객 유치와

충성도 향상에 기여한다. 또한 카페 운영의 모든 측면에서 방향성을 제시할 수 있다. 인테리어 디자인, 메뉴 개발, 마케팅 전략, 고객 서비스 방식 등이 콘셉트에 맞춰 일관성을 가지게 되는 것이다. 따라서 자신의 관심사, 가치관, 열정이 반영된 콘셉트를 선택하면 카페 운영 과정에서 개인적인 만족감을 느낄 수 있게 된다. 이는 장기적으로 사업을 운영하는 데 있어 중요한 동기부여가 된다.

<u>결론적으로, 카페 콘셉트는 단순한 테마를 넘어서는 사업의 핵심이다.</u> 본인과 잘 맞는 콘셉트를 선택하는 것은 사업의 성공, 고객 만족도, 개인적 만족감 및 지속 가능성에 중요한 역할을 한다. 따라서 창업 초기 단계에서 충분한 시간을 들여 본인과 잘 맞는 콘셉트를 심도 있게 고민하고 결정하는 것이 매우 중요하다.

<u>핵심은 수요 창출이다.</u> 카페도 운영 프로그램이 중요하다. 즉, 고객이 찾아오도록 다양한 행사와 프로그램이 진행될 때 객단가가 높아지는 것이다. 나는 카페를 두 가지 방향으로 운영했다. 우선 카페 운영에 있어 낮과 저녁 시간을 나눠서 공간 분위기와 메뉴를 달리했다. 낮에는 커피와 샌드위치, 파스타 중심의 브런치 카페로, 저녁 이후는 바인바(bar-in-bar) 성격으로 수입 맥주, 와인, 위스키 등을 즐길 수 있는 공간으로 운영했다.

카페 분위기를 바꾸는 방법은 간단하다. 음악과 조명만 바꿔

면 찾아오는 고객층도 바뀐다. 거기에 맞게 메뉴는 따라가면 된다. 필요에 따라서는 배달 또는 외부 음식도 허용하는 것이 도움이 된다. 우리 카페의 경우 주말 또는 특정 기념일 등에는 대관을 하기도 했다. 파티룸의 성격을 함께 갖추고 카페 고객이 줄어드는 요일 즉 주말, 공휴일, 휴가철 그리고 시간대를 활용해 매출 증가를 꾀한 것이다. 정기적으로 카페에서 독서모임을 하는 것도 좋은 방법이다.

<u>마지막으로 출구 전략을 미리 세우는 것이다.</u> 카페와 같은 요식업을 시작할 때 출구 전략을 세우는 것은 매우 중요하다. <u>출구 전략은 사업을 언제, 어떻게 종료하거나 이전할 것인지에 대한 계획을 말한다.</u> 사업 초기 또는 사업계획 단계에서 출구 전략을 고려하는 것이 이상적이지만, 사업을 운영하는 도중에도 출구 전략을 계획하거나 수정할 수 있다.

그러나 나는 영업 초기 단계부터 출구 전략을 세워야 한다고 생각한다. 카페를 오픈하면 보통 오픈빨이란 것이 있다. 그래서 장사가 잘되는 편이다. 애초에 주변에 경쟁업체가 없고, 새롭게 오픈하는 카페이니 신규고객과 지인들이 매출을 올려주고, 또 시간이 지나면서 단골도 생겨난다. 하지만 장사가 잘되면 인근에 다른 카페가 들어오기 마련이다. 우후죽순 경쟁업체가 생기는 것이다. 이렇게 되면 한정된 고객을 특별한 차별성이 없는 카페들이 나눠 먹는 형세가 된다. 그래서 매출도 그만큼 떨어진다.

내 경우는 출구 전략을 세우지 않은 상황에서 카페를 4년 가까이 운영하다가 결국 접을 수밖에 없었다. 오픈 초기의 매출은 해가 바뀔수록 떨어졌고, 노동 시간은 길어졌다. 매출이 줄어드니 직원을 고용하기 힘들고 집객 이벤트도 소극적일 수밖에 없었다. 그러다 매각을 결심했을 때는 시기를 놓친 상황이었다. 그래서 카페를 접으며 권리금을 제대로 받지 못했다. 사람들이 "장사가 잘될 때 권리금을 받고 넘기라"고 하는 것은 그냥 하는 말이 아니다. 많은 사람이 경험을 통해 얻은 깨달음인 것이다. 그래서 사업의 성공과 개인적인 목표 달성을 위해 출구 전략은 사업 계획의 초기 단계부터 신중하게 고려해야 한다.

05
임대수익 만들기, 오피스텔 투자

오피스텔은 주거와 업무를 모두 해결할 수 있는 공간으로, 임대수익을 창출하는 투자자들에게 인기 있는 선택지다. 소형 아파트나 주택에 비해 초기 자본이 적게 들고, 상업 및 주거 기능을 동시에 갖추고 있어 다양한 임차인들에게 매력적인 공간으로 자리 잡았다. 특히 단기 임대와 장기 임대 모두 가능한 유연성을 제공해 수익구조를 다각화할 수 있다는 장점도 있다. 도시화가 진행되며 직장과 가까운 곳에서 생활하려는 수요가 늘어나면서 오피스텔 시장은 꾸준한 성장세를 보이고 있다.

나는 고종옥 작가의 《불황에 뜨는 수익형 부동산》, 강승태 작가의 《노후를 위해 오피스텔에 투자하라》 등 오피스텔, 셰어하우스, 지식산업센터, 상가, 꼬마빌딩 등의 수익형 부동산 관련 책을 보면서 2000만~3000만 원의 소액으로 매입이 가능한 오피스텔에 투자를 했고, 고정적 임대수익을 창출할 수 있었다.

다음은 처음으로 오피스텔에 투자했던 과정과 그것을 통해 배운 내용이다.

집을 소유하자 집을 담보로 낮은 이자의 담보대출이 가능했다. 2016년 저축해 놓은 예금 일부와 아파트 담보대출을 활용해 전용면적 15평의 주거형 오피스텔을 매입했다. 재테크 관련 책에서 매번 반복되는 내용인 '지렛대 효과'를 충분히 활용한 것이다.

그 당시 내가 매입한 오피스텔 임대수익률은 15.5%로, 서울 지역 오피스텔 임대수익률 평균값인 약 4.3%의 3배가 넘었다. 최초 분양가보다 5000만 원 저가로 매수한 것이 한몫했다. 부동산 지역분석 책들을 읽고 현장답사와 주변 부동산중개업소를 방문한 것이 투자 결정에 큰 도움을 주었다. <u>오피스텔은 향·조망·층에 따라 임대료 수익이 다르며, 매수자 우위 시장에서는 좀 더 좋은 상품을 좀 더 낮은 가격으로 매수할 기회가 많다는 사실을 기억하자.</u>

투자 대상 물건은 전철역 도보 1분 거리에 위치하고, 지하층에 대형마트, 1층부터 5층까지 백화점, 그리고 27층까지 주거형 오피스텔 약 800실로 구성된 주상복합 형태의 랜드마크빌딩이었다. 입지와 상품성 모두 양호하고 임대수요도 풍부했다. 소유

기간 동안 한 번도 공실이 없었고, 또 임차인 변동도 없었으니 세입자 때문에 신경 쓰거나 부대비용도 들지 않았다. 나름 잘한 투자라고 생각했다.

그런데 오피스텔을 매각하면서 잘한 투자가 아님을 깨달았다. 매매가 상승이 아파트 대비 현저히 낮았기 때문이다. 같은 기간 아파트 매매가 상승의 5분의 1에도 미치지 못했으니 잘한 투자가 아니라는 말이다. 분양가보다 20% 할인된 금액에 매수했고, 임대수익률이 15%를 넘고, 임차인이 풍부해 공실 걱정이 없는 주거형 오피스텔임에도 불구하고 매매가 상승은 매우 낮았다.

그 이유는 다음과 같다. 우선 매매 시 취·등록세가 4.6%로 높았다. 주택으로 간주 되어 매매 수요가 제한적이다. 시간이 갈수록 인테리어와 건축물의 노후화로 신축 대비 경쟁력이 떨어지고 임대료 상승이 제한적이다. 많은 소유주로 토지 지분이 적고 재건축 등이 어렵다. 이런 요소들이 반영되어 오피스텔의 경우 매매가 상승이 아파트 대비 현저히 낮다. 그래서 오피스텔 투자 비용으로 서울역세권의 소형 아파트를 사는 것이 더 나은 선택이었다. 부동산 장기 상승장에서 기회비용을 상실했다는 생각에 수익을 냈음에도 허탈함을 느꼈던 사례다. 이렇게 또 하나의 투자 경험을 배우게 되었다.

2025년 6월 기준 수도권 오피스텔 임대수익률 추이

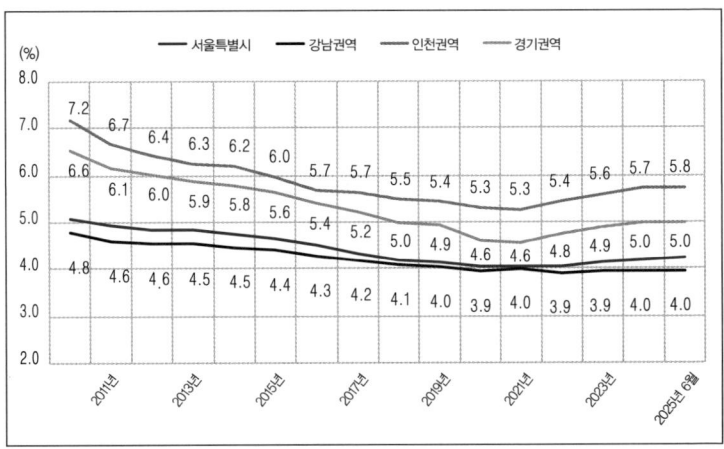

〈출처 : 부동산114 자료 활용〉

06
이기는 오피스텔 투자법

부동산 투자의 수익모델은 3가지다. 하나는 시세차익이고, 다른 하나는 고정적 임대료 수익이다. 그리고 가장 좋은 투자 모델은 매입 후 고정적 임대료 수익을 가져가다가 적정 시점에 매각하여 시세차익을 거두는 것이다. 오피스텔 투자를 잘만 하면 임대수익과 시세차익 두 마리 토끼를 잡을 수 있다.

임대 수익형 부동산은 매월 고정적 임대수익이 잘 나오는 물건을 선택해 투자하는 것이 보통이다. 임대 수익형 분양 상품을 홍보할 때도 수익률 개념을 도입해 판매에 나선다. 즉, 예상 월세와 보증금인 임대료를 연수익으로 환산해 분양가 또는 매매가로 나눈 비율이 투자수익률이다. 예를 들면, 분양가 2억의 오피스텔이 입주 후 보증금 1,000만 원에, 월세 60만 원을 받을 수 있다면 임대수익률은 약 3.8%가 된다. 물론 기타 세금 및 중개수수료 등이 더 들어가기 때문에 실제 임대수익률은 더 낮다. 여기서 핵심은 싼 물건을 사거나, 임대료를 높게 받아야 한다는 것이다. 한 가지 더 고려해야 할 사항이 있다. 최종 결과는 매각 차익이 결정한다. 따라서 임대 수익형에 투자할 경우 최종 결과는 투자수익률을 고려해서 매매 물건과 매매 시기를 선택해야 한다.

그러기 위해서는 다음의 단계를 거쳐야 한다. 1단계, 주변 시세 대비 저렴한 가격으로 매수한다. 2단계, 임대수익률을 높인다. 공실이 없이 시세보다 임대료가 높을 때 임대수익률은 높아진다. 3단계, 매각 시점에 큰 시세차익을 받을 수 있는 것을 골라서 투자해야 한다. 이것이 가장 중요한 사항이다.

임대 수익형은 임대수익률을 가지고 수익환원법을 적용해 매매가 또는 분양가를 책정하는 것이 일반적이다. 하지만 투자 물건이 도시정비사업 또는 각종 개발계획의 영역에 포함될 경우 비싼 가격에 매각할 수 있다. 임대 수익형을 투자할 때는 애초에 매각 차익을 높게 받을 수 있는 입지와 상품을 고려해 투자하라는 것이다. 임대 수익형 투자 고수는 월세 수익으로 담보대출이자 정도만 내면서 매각 차익을 극대화할 수 있는 물건에 투자하는 사람이다.

소액투자가 가능한 임대 수익형 상품으로는 오피스텔, 도시형생활주택, 섹션오피스, 지식산업센터, 생활형 숙박시설 등이 있다. 금리가 높을 때는 임대수익형은 수익률이 떨어진다. 그래서 투자자 측면에서 기피 대상이 되어 매수 수요가 줄어드니 시세가 더 떨어진다. 이럴 때일수록 옥석을 가릴 수 있는 능력이 필요하다.

따라서 4단계는 앞에 언급한 세 가지 조건이 충족되지 않았다면, 임대 수익형 상품에 투자하지 않는 것이다. 그 돈으로 다른 곳에 투자하거나 금융상품에 넣어놓고 투자 대상을 기다리는 것도 재테크 방법이다. 이 점이 매우 중요하다.

결론적으로 저가 매수, 임대수익률을 높일 것, 매각 차익 극대화, 최종 투자수익률을 고려해 변변치 않을 경우 투자하지 말 것 또는 다른 상품에 투자하기를 추천한다. 최근 수년간의 유동성 장으로 아파트 가격이 매우 올랐다. 그래서 아파트 대체 상품으로 오피스텔과 도시형생활주택 공급이 많았다. 저금리와 유동성에 힘입어 분양도 잘 된 사업장이 많다. 하지만 서울과 떨어진 수도권 택지지구에 입주한 오피스텔, 도시형생활주택, 지식산업센터, 상가, 생활형 숙박시설 등 임대수익형 부동산의 공실이 엄청나다. 잔금도 내지 못해서 경매, 공매로 넘어간 것도 많다. 분양가보다 낮은 매물이 부지기수다. 이들 중 보석이 될 만한 물건을 저가로 매수해 운영할 능력이 있다면 잘 골라 보는 것도 좋은 투자가 될 수 있다.

07
가장 손쉬운 부동산 투자는 분양권 투자다

많은 사람이 부동산 투자를 어렵게 생각한다. 사실 나도 처음엔 그러했다. 우선은 부동산 투자에 대한 지식이 없었고 두려움이 컸다. 만약 투자에 실패할 경우 투자 원금뿐 아니라 대출금까지 상환해야 하는 부담감 때문이다. 그래서 처음이 중요하다. 처음 부동산 투자를 통해서 안정적인 수익을 맛보게 되면 두 번째부터는 매우 수월하다.

그렇다면 처음에는 어떤 부동산 투자가 좋을까?

아파트 청약 또는 분양권 투자를 추천한다. 이유는 우선 안정성 때문이다. 그리고 소액투자가 가능하기 때문이다. 또 가장 중요한 높은 수익률 때문이다.

다음은 내가 사회 초년생 시절 처음 부동산 투자를 경험했던 분양권 매매 사례다.

"대리님, 통장에 얼마 있어요?"

"왜 남의 통장 잔고를 물어봅니까?"

"이거 남은 거 하나 계약해요. 미분양이라고 다 나쁜 게 아닌데."

"제가 여기 내려와 살 것도 아닌데, 좀 애매하지 않나요?"

"김 대리님이 경험 삼아 투자해 보라는 거죠. 내가 30% 이상 수익률 보장할게요."

"정말? 그러면 나 팀장님 믿고 하나 계약합니다. 나중에 안 팔리면 책임지는 거죠."

2005년 지방 아파트 건설사업장에 파견되어 분양 마케팅 업무를 담당했던 때였다. 서울 수도권처럼 아파트 분양이 초기에 완판되지는 않는 시장이지만 그래도 분양률은 양호했다. 그런데 당 사업지는 도심에서 떨어진 외곽의 소규모 택지지구에 공급되는 2군 건설사 아파트여서 인기가 별로 없었다. 청약에서 미달되었고, 당연히 미분양아파트로 선착순 동호 지정계약이 가능한 상품이었다. 당시에 나는 사회 초년생으로 저축한 돈이 2천만 원 정도 통장에 있었다. 그 당시 분양가는 전용면적 $84m^2$, 공급면적 34평형이 1억 8,600만 원이었다. $3.3m^2$당 540만 원대다.

마침 적금도 만기가 되어 1년에 천만 원씩 모았던 통장을 깨서 미분양아파트 계약금으로 분양가의 10%를 분양 계좌에 입금하고 계약서를 작성했다. 60%는 중도금 대출, 잔금 30%는 준공 후 세입자의 전세금으로 해결할 계획이었다.

그 당시만 해도 지방에서는 아파트 최상층을 선호하지 않아서 나는 미분양 호실 중 남향의 최상층을 골라 계약할 수 있었다. 계약자 사은품으로 황금열쇠 3돈을 받았고, 미분양 판촉 혜택을 받아 발코니 확장비도 무상이었다. 그렇게 2년이 흘러 입주 시점이 되었고 전매를 할 것인지, 소유권 등기 후 전세를 놓고 잔금을 치를 것인지 고민했다.

결과적으로 약간의 시세차익을 남기고 전매했다. 그 당시 전매를 결정한 이유는 택지지구는 초기에 편의시설이 부족해 입주자 불편이 커서 전세 세입자 구하기가 어렵고, 전세가가 낮게 형성될 수 있다는 점 때문이다. 또 일시에 입주하는 아파트 물량이 많아 매매가가 분양가 아래로 떨어지는 경우도 많았다.

이렇게 내 첫 부동산 투자는 타의 반 자의 반으로 시작되었다. 중개수수료와 기타 비용을 제외하고 투자금 대비 수익률이 100%였으니 첫 분양권 투자는 성공적이었다.

08
분양아파트 투자의 3가지 방법

내 돈을 적게 들이고 가장 쉬운 부동산 투자는 무엇일까?

바로 청약 당첨 및 분양권 투자다. 분양권이란 무엇이고, 왜 분양권 투자가 쉽고 적은 투자 원금으로 가능한지 그 이유를 설명해보겠다.

부동산 투자를 위해서는 먼저 우리나라 주택 공급 시스템부터 이해할 필요가 있다. 우리나라는 6.25 전쟁으로 모든 것이 폐허가 된 뒤 1960년대부터 도시화가 급속히 진행되면서 농촌에서 도시로의 인구 이동이 매우 많았다. 이로 인해 도시는 주택난이 극심했고, 정부는 적은 면적의 땅에 다량의 주택을 빠른 기간 내 공급할 수 있는 공동주택을 건설해 이 문제를 해결하려고 했다. 도시지역의 제한적 공간에 신속하게 공급할 수 있는 고층 아파트가 바로 그 해결책이었다. 하지만 이를 위해서는 막대한 주택 건설 자금이 들어간다. 그래서 이것을 해결하는 방법으로 선분양이란 주택청약제도를 도입한 것이다.

우리나라의 아파트 선분양제도는 아파트 건설 사업자가 아파트를 완공하기 전에 미리 분양 대금을 받고 분양하는 방식을 말한다. 건설사의 입장에서는 선분양을 통해 공사에 필요한 자금을 미리 확보할 수 있고, 구매자의 입장에서는 선분양을 통해 사전에 분양가를 결정하게 되므로 건설 과정에서 발행하는 건설원가 상승 등의 각종 리스크에 따른 가격 변동성이 낮다는 장점이 있다. 구매자 측면에서는 초기 분양가로 아파트를 분양받을 경우, 완공 후 아파트 가격이 상승했을 때 추가적인 이익을 가져갈 수 있다는 것이다.

따라서 부의 재분배에 가장 큰 역할을 한 것이 분양아파트 청약제도라고 할 수 있다. 우리 부모님 세대를 생각해보자. 중산층이 부를 축적하는 가장 쉽고 일반적인 방법이 도시에 거주하며 이사를 여러 번 다니는 것이다. 월세에서 전세로, 전세에서 자가로 이사를 하며 내 집을 마련한다. 내 집을 마련하는 방법이 주택청약인 것이다.

아파트 청약에 당첨되면 예나 지금이나 프리미엄이 많이 붙는다. 바로 이를 통해 부의 재분배가 이루어졌다. 일반적인 급여

생활자가 저축해서 모을 수 있는 자산은 극히 제한적이다. 하지만 아파트 청약에 당첨되면 계약금 10%로 내 집 마련이 가능하다. 나머지는 20~30년 장기대출로 갚아가면 된다. 그 사이에 집값은 몇 배가 상승한다. 그러면 집을 팔고 좀 더 좋은 위치의 큰 평수를 사서 이사를 간다. 또다시 집값이 오른다. 이런 과정이 여러 사람에게 퍼지면서 중산층이 생겨났고, 이것이 50년 넘게 이어져오며 부의 재분배에 큰 역할을 했다.

분양아파트 투자는 세 가지 방법이 있다. 아파트 청약 당첨, 미분양아파트 계약, 분양권 매매다. 첫째, 아파트 청약에 당첨될 경우 당연히 시세차익이 크게 발생한다. 아파트 청약 당첨 확률을 높일 수 있는 방법은 한국부동산원 청약홈에 다 나와 있어 참고하면 된다.

둘째, 미분양아파트를 계약하는 것이다. 미분양이라고 하면 왠지 상품에 하자가 있지 않나 라는 부정적 시각이 있다. 입지가 떨어지는데 지나치게 높은 분양가라면 기피하는 것이 맞다. 하지만 일시적 공급량 증가 및 시장 변동성에 의한 미분양이라면 적극적으로 미분양 투자를 고려해 볼 만하다.

세 번째는 프리미엄을 주고 분양권을 양도받는 것이다. 입지와 시장 상황에 따라 마피(마이너스 프리미엄) 분양권도 있고, 수천에서 수억 원의 프리미엄 분양권도 있다. 2025년 2월 국토교통부의 미분양주택현황보고에 따르면 경기도(13,950호), 대구광역시(9,051호), 경북(5,881호), 경남(5,088호), 충남(4,921호), 부산광역시(4,565호) 순으로 미분양이 많다. 따라서 대구를 비롯한 경북, 부산 그리고 수도권 일부 지역의 미분양 적체가 심한 도시 중에서 마피 분양권이 다량으로 나와 있다. 이들 중 가격, 입지, 상품성이 좋은 것을 잘 골라 마피 분양권 투자를 고려하는 것도 좋은 투자 방법이라 할 수 있다.

이들 분양아파트 투자는 자기 자본으로 계약금 10%만 있으면 된다. 그리고 중도금 대출로 60%를 해결하고 대부분 무이자다. 잔금 30%는 자납 또는 임대를 놓고 전세금으로 해결하면 된다. 악성 미분양 사업장의 경우 계약금 5%로 또는 1000만 원으로 분양계약이 가능한 사업장도 있다. 나머지 계약 잔금은 입주시점까지 이월시켜주기 때문에 초기 투자 비용이 적게 든다. 또 HUG 분양보증을 통해서 책임준공을 약정하기 때문에 분양 대금을 떼일 염려가 거의 없다. 그만큼 안전한 투자가 분양아파트라 할 수 있다.

내가 경험한 미분양아파트 투자 사례는 다음과 같다. 2009년 1월의 일이다. 2008년 금융위기로 대한민국 부동산 시장은 최장 기간 침체기에 진입했다. 당시 미분양아파트가 16만 5000세대를 넘어 미분양이 급증하자 "이제 아파트 투자는 끝났다"는 등의 부정적 여론이 매우 컸다. 하지만 나는 생각이 달랐다. 네이버에 '서울 미분양아파트'라고 검색키워드를 입력했는데, 10개 정도 미분양 물건이 검색되었다. 그중 하나가 미아뉴타운 24평 미분양아파트였다.

나는 곧바로 공사현장을 방문했다. 지하철 4호선 미아삼거리역 4번 출구에서 도보 5분 거리로 단지 바로 앞에 강북에서 유명한 사립 영훈초등학교가 인접해 있는 곳이었다. 대중교통 접근성, 교육환경, 뉴타운 개발에 따른 주거환경 모두 양호한 입지였다. 모델하우스를 방문하니 4층 이하로만 5세대가 남았다고 했다. 경사면이 심한 지형이어서 4층인데도 옹벽이 조금 보였다. 아마도 이것 때문에 미분양된 듯싶었다. 그 당시 분양가가 2억 6,800만원이었다. 계약금 10%에 중도금 무이자 조건이었다. 그래서 바로 계약을 했다. 당시는 부동산 침체기여서 분양권 매각을 하지 못하면 실입주하면 된다는 생각이었다.

이곳은 2021년에 최고 실거래가가 9억 7천만 원이다. 분양가 대비 약 3.6배 상승한 것이다. 하지만 나는 초기에 프리미엄을 받고 전매했다. 2010년 그 당시만 하더라도 하우스푸어, 집 사면 망한다는 말이 유행할 때였다. 만약 독서를 좀 더 빨리 시작했더라면 재테크의 세계에 더 빨리 진입했을 것이고, 장기 보유로 더 큰 수익을 내지 않았을까 하는 아쉬움이 남는 경험이다.

다음은 입주 전 분양권 투자 사례다. 2019년 전국적으로 아파트값이 큰 폭으로 상승할 때였다. 그런데 입주를 앞둔 인천광역시의 1군 브랜드 아파트가 2019년 10월 입주하면서 원분양가보다 천만 원 이상 싼 매물이 상당수 나왔다. 투자 목적으로 분양받은 아파트는 입주 시점에 다량의 전세 물량이 나오게 된다. 전세가가 낮게 형성되고, 잔금 여력이 부족한 투자자는 손해를 최소화하기 위해서 급매로 입주 전 분양권을 처분하기 때문이다. $3.3 m^2$당 900만 원대 가격이고, 서울을 비롯한 모든 지역에서 집값이 상승하니 아무리 구매력이 낮은 인천이라도 최소 2억은 차액을 낼 수 있다고 판단했다. 그래서 직장 후배들과 몇몇 지인에게 매수를 권했다. 하지만 실행한 사람은 없었다. 2년이 지난 2021년 하반기에 이 아파트는 2억 이상 올랐다.

사실 부동산 투자자 관점에서 인천 지역은 기피 대상이다. 왜일까?

우선 가격상승률이 매우 낮다. 서울의 배후도시이면서 수도권 전철로 연결되고, 인구가 많은 광역시임에도 인천 송도를 제외하면 투자 매력이 떨어지는 도시다. 그만큼 구매력이 부족한 도시다. 1960~1970년대 호남에서 인천으로 이주를 많이 했다. 인구 유입은 많은데 주택이 부족하니 신속하게 지을 수 있는 다가구 다세대 형태의 빌라 단지가 대량으로 공급되었다. 현재까지도 소규모 주거단지가 난립해 주거환경이 매우 열악하다. 그래서 사람들은 돈이 좀 모이면 상동·중동 신도시로 이사를 가고, 다음 단계로 교육환경이 양호한 양천구 목동 신도시로 이사하는 패턴을 보여왔다. 그 이후 인천 송도로 많이 빠져나갔다. 그래서 인천의 구도심을 개발해서 아파트를 공급해도 다른 지역에 비해 분양률도 낮고 매매가 상승률도 높지 않았다.

  2019년 전국적 아파트값의 상승 대세에 올라탄 인천 지역은 소액투자자의 사냥터가 될 만큼 투자 물건이 많았다. 하지만 2024년과 2025년 입주 및 예정 물량이 평년치를 크게 초과해서 투자에 조심할 필요가 있다. 이런 대규모 물량이 해소되기에는 시간이 필요하다.

09
미분양 판촉을
부동산 매수와 투자 기회로 삼자

고금리 또는 금리가 오르는 상황에서 내 집 마련의 기회를 잡을 수 있을까? 미분양 아파트를 선점하는 것도 한 방법이다. 미분양 아파트의 판촉경쟁 심화는 무주택자의 내 집 마련 기회다. 그 이유는 2가지다.

첫째, 새집이 헌 집보다 싸다. 2023년까지는 서울 수도권은 물론 지방 광역시의 택지지구 및 입지가 우수한 지역은 신규아파트 분양가보다 구축아파트 시세가 높았다. 수년간 풍부한 유동성에 기대어 구축아파트 매매가격이 급상승한 반면 분양아파트는 분양가상한제, HUG의 고분양가심사, 지자체 분양승인 시 암묵적인 분양가 통제 등이 반영되어 상승폭이 상대적으로 낮았다. 2022년 9월 전국 평균 아파트 매매가는 3.3m^2당 2,224만 원인 반면 분양가는 1,440만 원으로 전용면적 84m^2의 경우 평균 2억 6,656만 원 쌌다. 서울·경기·세종시에서 매매가 대비 분양가가 매우 낮고, 부산·대전광역시는 매매가와 분양가가 유사하며, 강원·경북·광주·전남·제주·전북·대구·울산·경남·충남·충북·인천 순으로 매매가보다 분양가가 높게 나타났다.

하지만 2023년 1.3 부동산 대책으로 서울 강남 3구와 용산구를 제외한 모든 지역에서 분양가상한제는 해제되었다. 건설 원가 상승 및 인플레이션이 분양가에도 반영되어 민간 아파트의 경우 2024년도만 해도 분양가가 전년 대비 약 17% 이상 상승했다. 2024년 1월 광진구에서 분양한 '포제스 한강'의 경우 평당 1억 원을 돌파했다. 그래서 분양가가 더 오르기 전에 미분양 아파트를 대안으로 내 집 마련의 기회를 찾아보는 것도 하나의 방법이 될 수 있다.

<u>둘째, 미분양이 증가하는 지역에서는 계약조건 완화가 진행될 때 분양받을 것을 추천한다.</u> 즉 실수요자라면 미분양 판촉이 극대화로 치달을 때를 잡자. 2022년부터 2024년까지의 분양조건 변화를 살펴보면, 시간이 갈수록 혜택이 더욱 확대되는 경향을 볼 수 있다. 2022년 초기에는 계약금 10~15%, 중도금 50~60% 무이자가 일반적이었다. 하지만 2023년 중반부터는 계약금 5~10%, 중도금 60~80% 무이자로 혜택이 확대됐다. 2024년에

들어서는 여기에 분양가 직접 할인(3-10%)과 다양한 특약(임대 후 매입, 계약 해지 시 위약금 면제 등)이 추가됐다.

특히 2024년에는 '패키지 혜택'이 두드러졌는데, 단일 혜택보다는 금융 혜택, 가격 할인, 특약 등을 종합적으로 제공하는 미분양 사업장도 나타났다. 예를 들어 P건설은 2024년 초 경남 창원 사업장에서 계약금 5%, 중도금 70% 무이자, 분양가 5% 할인, 3년 임대료 보장 프로그램을 한꺼번에 제공해 단기간에 미분양률을 크게 낮췄다. 따라서 부동산 투자 또는 주택 실수요자 측면에서는 미분양이 증가하는 지역에서 계약조건 완화 등의 미분양 판촉을 역이용해 미분양아파트에 투자하거나 내 집 마련의 기회로 활용하는 것이 한 방법이 될 수 있다.

"부동산은 심리다"라는 말이 있다. 급격한 금리 인상으로 2022년 상반기부터 주택 가격은 하락세로 접어들었다. 매수자 우위 시장으로 진입했고, 향후 2~3년간은 하락할 것이라는 심리가 대세로 자리 잡았다. 하지만 2024년부터 2026년까지 서울을 비롯한 경기도 상당수의 지역에서는 아파트 입주 물량이 평년 대비 부족하다. 2024년 5월 기준으로 서울을 비롯한 수도권 상당수의 아파트 가격이 상승세로 돌아섰다. 미분양도 전국적으로 2024년 6월 7.4만 호에서 2024년 11월 6.5만 호로 약 9천 호 감소했다. 그런데 갑자기 12.3 계엄으로 주택시장이 얼어붙었다. 신규 아파트 공급량은 줄어들고 매수심리도 꺾이면서 급매물이 많아졌다. 이처럼 부동산은 사람들의 심리에 크게 좌우된다.

    무주택자와 1주택자는 미분양아파트를 세심하게 지켜보다 계약자 혜택을 많이 받을 수 있는 시점을 잘 활용하길 추천한다. 집은 자립이다. 내 집을 소유한다는 것은 경제적 독립이며, 심리적 자립을 의미한다. 그래서 주관을 갖고 관심 지역에 대한 모니터링을 통해서 매수 타이밍을 잘 노려보자.

10
정보를 활용해 부동산 매매의 우월적 지위를 이용하자

부동산을 소유하고 있는 독자분이라면 언제, 어떤 가격으로 매도할지를 고민할 것이다. 반면 매수자도 마찬가지다. 가격이 하락하는 시점에 좋은 계약조건으로 매수하길 원한다. 부동산시장에서 이런 현상을 공급자 우위 시장 또는 수요자 우위 시장이라고 표현한다. 나는 20여 년간 부동산 마케팅과 투자를 경험하면서 공급자와 수요자의 니즈를 파악할 수 있게 되었고, 어느 시점에, 어떤 상품으로, 얼마의 가격에, 어떤 계약조건이 유리한지 정보를 파악할 수 있게 되었다.

아파트 분양을 예로 들어보자. 모델하우스만 열어 놓아도 2년 안에 분양이 완료될 수 있는 사업장이 있다. 하지만 분양사는 빨리 분양할수록 수익이 높아진다. 분양사는 시행사를 설득해 미분양 물량을 6개월 이내에 완판할 테니 계약자 프로모션을 해달라고 요구하고, 이미 확보된 수요자에게 계약자 혜택 이벤트를 알린다.

계약자 혜택으로는 이자 후불제를 무이자로, 발코니확장비를 무상으로, 유상옵션인 시스템에어컨 같은 품목을 일부 무상 제공하는 방식이다. 아파트 최초 분양 시점에서 1년이 지난 이후에 늦게 계약하면서도 더 좋은 호수를 선택할 수 있고, 더 유리한 계약조건으로 분양을 받는 사례를 수없이 보았다.

나는 시장조사 차원에서 여러 분양사업장의 분양률, 가격변동, 계약조건 변경 등의 분양 현황을 모니터링한다. 내가 활용하는 방법은 신문이나 인터넷에 분양공고가 뜨면 대표번호로 전화를 걸어 분양 일정과 분양가 등을 물어본다. 그러면 내 전화번호가 분양사무실 고객 DB에 입력되어 분양 조건이 변경될 때마다 영업사원을 통해서 문자 메시지를 받을 수 있다. 분양이 빨리 완료되면 문자 메시지는 더 이상 오지 않고, 미분양이 장기화하면 지속해서 문자 메시지가 온다. 문자 메시지의 흐름을 보면 분양률 예측, 계약조건 완화 등을 파악할 수 있다. 다시 말해, 공급자의 내부정보를 상당 부분을 알 수 있다는 것이다.

그다음 단계로 나는 입지도 좋고 향후 개발잠재력도 풍부하며 브랜드 선호도가 높은 아파트를 대상으로 현장답사를 한다.

부동산 중개사무소는 공급자로부터 MGM이란 소개 수수료를 제공받기 때문에 그들에게 환대를 받으며 더 많은 정보를 들을 수 있다. 그리고 모델하우스를 방문하면 당당하게 상담을 받을 수 있다. 공급자 우위 시장에서도 매수자 우위 대우를 받으며, 우월적 지위에서 투자 결정을 할 수 있는 분위기를 만드는 것이다.

<u>부동산으로 돈을 벌고자 한다면 분양 광고, 길거리 분양 현수막, TV 부동산 채널에 나오는 부동산 정보, 다세대주택 및 꼬마빌딩 매매 등의 상품에 전화해서 적극적으로 물어보자. 그리고 부동산 광고 문자를 잘 활용해보자.</u>

그들을 잘 이용해서 부동산 투자의 우월적 지위에 올라서는 것이 현명한 투자 방법이 될 수 있다.

11
당신에게 집은 어떤 의미인가요?

집이 주는 의미는 각자 다를 것이다. 나에게 집은 '자립'이다. 나는 주위 사람들에게 최대한 이른 나이에 본인 명의의 집을 소유하라고 추천한다. 집을 소유하는 것은 든든한 믿을 구석이 하나 생기는 것과 같기 때문이다. 또한 근로소득과 함께 자산 증가 속도가 빨라져 재테크의 경쟁력을 갖추게 된다.

집에 대해 깊게 생각해보게 하는 두 권의 책이 있다. 에드윈 헤스코트 작가의 《집을 철학하다》는 "집은 당신의 또 다른 인격이다"라는 문장으로 서문을 시작한다. 집에는 살고 싶은 삶이 담겨 있다. 산다는 것은 집에 흔적을 남기는 일이며, 집은 기억을 쌓아 만들기도 한다. 이 책에는 집에 대해 생각해 봐야 할 것들

'27개 삶의 공간에 대한 깊은 생각'이 담겨 있다. 집을 짓게 되면 고려해야 할 요소로 '창문, 책, 다이닝룸, 부엌, 계단, 지하실과 다락, 침실, 옷장, 욕실, 서재, 베란다, 현관문, 홀, 거실, 벽난로, 문 손잡이, 문, 오두막, 수영장, 지붕, 울타리, 거울, 조명, 바닥, 벽, 복도, 천장'을 꼽고 있다.

두 번째 책은 이일훈·송승훈 작가의 《제가. 살고. 싶은. 집은…》이다. 건축주 국어 선생님이 독서를 위한 책 나눔의 집을 짓고 싶어 건축가에게 설계를 의뢰한다. 그리고 낡은, 책이 있는, 거친 돌집 '잔서완석루'를 짓는 과정을 책으로 담았다. 건축가와 건축주는 이메일을 통해 서로 소통한다. 건축주는 삶의 방향성, 책을 가까이하고 책 읽는 공간을 공유하는 집을 희망한다. 건축가는 어떻게 짓는가보다 어떻게 사는가를 먼저 묻는 게 건축이라고 말한다.

나는 이 책을 통해서 '책이 있는 집'을 지어야겠다고 생각하고 또 결심했다.

2020년 집짓기를 마음먹으면서 집에 관한 생각에 많은 변화가 일어났다. 가장 큰 소득은 집짓기를 통해 부모님과 대화가 많아진 것이다. 나는 바닷가 어느 곳에 전원주택을 짓고자 여러 곳을 돌아다녔다. 하지만 접근성과 관리의 문제, 서울을 떠나서 무엇을 할 것인지 답을 찾지 못해 집짓기를 실행하지 못하고 있었다.

"어머니, 나는 바닷가에 집을 짓고 싶어요. 제주도는 어때요?"

"이녀석아 아무도 없는 곳에 집을 지어서 뭐 하려고, 한두 푼 드는 것도 아니고 차라리 여기다 지어라."

2021년 주말 오후에 동네 한 바퀴를 돌았다.

"어머니, 우리 밤나무 산에 집을 지으면 어떨까요?"

"한번 가보자."

어머니가 가리키는 땅 위에 섰다. 발아래 들판이 내려다보이고 볕이 바른 전원주택지로 안성맞춤이었다. 그날 집 지을 땅을 그곳으로 결정했다. 집터가 결정되자 시공사를 알아보고 건축예산을 뽑았다. 인허가 비용, 건축비, 토목공사비, 인테리어와 가구 비용, 취득세 등 내가 충당할 수 있는 예산 범위 내에서 자금을 조달했다. 오피스텔 한 채와 아파트 분양권 하나를 처분했다. 이렇게 집짓기는 현실이 되었다.

시공사와 도급계약을 마치고, 시공 사례집을 어머니에게 보여드렸다. 부모님들은 집에 대한 선입견이 있다. 기둥이 있고, 지붕에는 기와가 있어야 한다는 보통의 집을 생각하신다. 요즘 유니크하게 설계된 집은 집 같지 않다고 싫어하셨다. 어머니의 의견을 반영해 '지중해풍 전원주택'으로 선정하고, 기본적 설계도 부모님의 의견을 따랐다. '기역 자(ㄱ)' 집은 어두우니 '일자(一)집'으로 결정했고, 땅의 모양을 반영해 남서향에서 15도가량 남쪽으로 틀어 배치도를 그렸다.

2021년 3월에 공사를 착공해서 그해 12월에 준공했다. 집 한 채 지으면 10년은 늙는다는 말이 있듯이 집을 지으며 수많은 일을 겪고 우여곡절 끝에 2021년 12월 초 준공 허가를 마치고 부모님이 새집으로 이사를 했다. 1층은 부모님 공간으로 꾸미고, 2층에는 내 서재를 만들었다. 마룻바닥에 어울리는 원목 책장을 2개 주문했다. 서울 집에서 매주 책들을 이동해 이곳에 꽂았다. 2021년 어머니는 여든 살이 되셨다. 준공이 4개월 늦어졌지만, 팔순 생신 선물로 전원주택에 입주하셨다. 집 명의도 어머니 소유로 해드리고 싶었지만, 건축 허가상의 문제로 그렇게 할 수 없었다. 집의 이름은 부모님 성함의 가운데 글자인 '운'과 '필' 한 글자씩을 따와서 '운필각'이라고 지었다. 항시 부모님을 생각하자는 의미를 담았고, 가족에게 최선을 다해준 부모님에 대한 감사함을 담았다.

우리 부모님에게 집은 '자존심'이다. 45년 전 우리가 살던 헌 집은 아버지가 직접 지으셨다. 우리 4남매는 집에 대한 자부심이 컸다. 하지만 40년을 훌쩍 넘긴 헌 집은 많이 불편했다. 집을 짓기로 결정했을 때 이왕이면 어머니의 자존심을 세워 드리고 싶었다. 2층으로 지은 것도 그런 의미가 있다. 멀리서 보면 꽤 커 보인다. U자형으로 산에 둘러싸인 꼭짓점에 집 한 채가 자리 잡았고, 소실점 효과로 매우 돋보인다. 푸르른 녹음과 황토색 기와는 보색 대비로 강한 인상을 남긴다. 그래서인지 보는 사람마다

전원주택 운필각 전경

집을 잘 지었다고 한마디씩 하니 부모님이 좋아하신다. 집을 지으니 4남매가 이곳에서 자주 모이게 되었다. 또 집을 지으며 부모님과 가까워진 것도 큰 소득이다.

지금까지 세상을 살면서 가장 잘한 일을 꼽으라면 부모님께 집을 지어드린 것이다. 80이 넘은 어머니는 텃밭에 뭐라도 심어 자식들에게 나눠주고 싶은 마음과 예쁘게 정원을 가꾸어 사람들에게 보여주고 싶은 욕심이 생긴다고 말씀하셨다. 어머니에게 내 것이란 욕망이 생긴 것이다. 내 집, 내 텃밭, 내 정원은 어머니를 즐겁게 한다. 집을 짓고 나서 어머니는 삶의 의욕이 더 커진 것이다. 시골에 집 지을 돈으로 재투자를 하면 어땠을까 라는 생각이 들지만, 부모님의 시간은 결코 기다려 주지 않으니 집을 지은 것은 잘한 결정이라고 생각한다.

또 한 가지 소득은 임야를 대지로 변경하니 땅값도 많이 올랐다. 집이 지어짐으로 인해 도로포장이 되고, 전기와 수도가 들어오게 되면서 방치된 임야가 농원으로 바뀔 잠재력이 보인다. 사람의 접근이 자연을 훼손시키는 경우도 있지만, 사람의 활동이 자연에 활기를 불어넣어 더 많은 사람의 품으로 보내줄 수도 있음을 알게 되었다. 집 한 채가 주변의 경관과 토지 이용에 변화를 가져온 것이다.

주변 지역이 산업단지로 변하고 있다. 마을 입구 도로가 4차선으로 확장 중이다. 부동산 개발 압력의 확산은 토지의 활용 가치를 높여준다. 부모님 성함의 가운데 자를 따서 지은 운필각에는 운필 정원을 만들 예정이고, 운필 농원으로 커질 것이다. 이곳에 운필 도서관, 운필 카페, 운필 게스트하우스, 운필 미술관이 만들어지는 것을 부모님과 함께 보는 것이 나의 소망이다.

12
자신만의 노하우와 경험이 있다면 강의를 적극 활용하자

말콤 글래드웰의 《아웃라이어》에서 언급한 '1만 시간의 법칙'처럼 직장 또는 특정 분야의 경력 1만 시간, 즉 10년이면 우리는 전문가의 경지에 오를 수 있다. 나는 부동산 마케터로 20년의 경력을 쌓았다. 그런데 쌓은 전문 지식을 타인에게 알려주거나 이와 연관된 강연, 교육, 코칭 등의 일에는 매우 소극적이었다.

그러다 자기계발 트레이너인 브렌든 버처드의 저서 《백만장자 메신저》를 읽고서 내가 터득한 업무의 전문성, 독서와 재테크 경험, 이와 관련된 많은 노하우를 활용하지도 못하고 사장 시켜야 하는가 라는 질문들을 나 자신에게 하기 시작했다. 결론은 소극적인 태도 때문이었다. '뭐 얼마나 번다고, 창피하게', '뭐 이런 걸 누가 보러 오겠어' 등등의 자기 의심, 한계 짓기와 같은 부정적 마음이 나 자신을 짓누르고 있었던 것이다. 그런데《백만장자 메신저》에서는 이렇게 말한다.

"이제껏 하찮게 생각해온 당신의 경험을 누군가는 간절하게 원하고 또 원한다. 오늘부터 당신의 경험, 당신의 메시지를 팔아라. 돈과 행복이 함께하는 새로운 인생이 시작될 것이다."

나는 이 책을 통해 마음을 바꾸기로 했다. '나의 지식과 경험을 필요로 하는 사람들이 있을 거야, 새로운 일에 도전해보면 좋지 않을까? 그래 못 할 것도 없지. 결심했어. 나를 세상에 내보이자.'

이렇게 생각을 바꾸고 나니 내 자신의 장점들이 보이기 시작했다. 그래서 독서 노트에 모두 적어놓았다. 나의 업무 경력을 활용해서 부동산 투자 강연과 연결할 수 있는 요소들, 독서와 재테크 경험, 수많은 부동산 시장조사 자료, 통계 데이터 분석 기법, 인간 욕망의 끝판왕이라 할 수 있는 여러 모델하우스 속 에피소드 등등. 생각해보니 사람들에게 전할 말이 넘쳐났다.

그리고 실천 방법으로 오상익 작가의《강연의 시대》를 읽고 하나씩 따라 했다. 먼저 나는 어떠한 강사가 되고 싶은지 아래 질문에 대해서 작성해보았다.

① 무엇에 대해 강연하고 싶은가?

독서와 재테크, 부동산 투자, 자기계발 분야의 강연을 하고 싶다.

② 강연하고 싶은 주제에 대해 얼마나 잘 아는가?
부동산 개발 및 마케팅 20년의 직무 경험을 바탕으로 전문성과 투자자로 모두를 경험했다.

③ 나의 강연을 들을 청중은 한마디로 어떤 사람들인가?
독서를 통한 자기계발, 재테크, 부동산에 관심 많은 20대부터 50대까지의 남녀 모두를 포함한다.

④ 그들의 현재 관심사나 당면한 문제는 어떤 것들이 있나?
책을 읽고 성장하거나 부자가 되고 싶어 한다. 그러나 방법을 모른다. 또 실행력이 부족하다.

⑤ 그들에게 나의 강연은 어떤 면에서 효과적인가?
공감하고, 방법과 사례로 간접경험을 제공하며, 실행력에 도움을 준다. 즉 자기계발, 재테크 관련 책을 읽고 자산증식의 방법을 배우며, 직접 실천할 수 있도록 돕는다. 독서로 성장하는 1대1 코칭서비스를 제공한다.

⑥ 특정 분야에 대해 전문적인 지식을 가졌는가?
20년간 부동산 개발 및 마케팅 분야에서 시장 분석과 상품 개발, 마케팅 기획 등 전문성을 쌓았다. 10년이 넘는 기간 동안 독서 경영을 실천하며 독서를 재테크로 연결해 자기계발과 자산증식의 노하우를 축적했다.

⑦ 그 분야와 관련해 보유한 경험과 에피소드는?

건설 부동산 투자 분야에서 공급자, 판매자, 투자자 모두를 경험했으며, 다수의 현장경험과 투자 사례에 대한 에피소드를 소설로 쓰고 있다.

⑧ 다른 사람들과 어떻게 차별화되는가?

먼저 책을 읽고 토론하며 재테크 분야를 간접 경험한다. 직접 실행한 사례 중심으로 경험을 전달하고, 함께 실천함으로써 가장 적은 비용과 시간 투자로 부자 되는 습관을 만들어 준다. 최종적으로 내 집 마련과 경제적 자유를 목표로 독서와 재테크를 생활화하는 것이 차별성이다.

⑨ 남들이 미처 해보지 못한 나만의 독특한 경험은?

독서를 재테크로 연결해 부동산 투자, 카페창업, 전원주택 집짓기, 1인 지식기업가로 글쓰기 및 작가, 강연가, 독서모임 운영 등 다양한 직업에 도전해 수익모델 파이프라인을 만들어가고 있다.

⑩ 앞으로 좀 더 배워보고 싶은 분야가 있다면 무엇인가?

스피치, 글쓰기, 출판·기획·디자인, 영상제작 분야다.

그 다음으로 강연 계획서를 만들었다.

첫째, 나의 경력을 담은 '강사 프로필'을 작성했다. 두 번째로 '강연 계획서'를 준비했다. 강연 계획서는 말 그대로 강사가 어떤 방식으로 강연을 진행하겠다는 세부 내용을 담은 것을 말하는데, 강연목적, 강연 소개로서 핵심 주제와 소주제, 기대 효과 등의 내용을 담았다.

우선 내가 강연할 대상자와 장소를 생각해 내용을 작성해 갔다. 1차 타깃은 책방과 연계한 독서모임, 부동산 재테크 모임, 모델하우스에서 강연하는 것으로 정했다. 그리고 책이 출간되면서 전국의 도서관, 백화점과 대형마트 문화센터로 확장해 갈 것을 고려했다. 인터넷에서 강연 계획서 샘플 양식을 다운받아 일부 내용을 나에게 맞게 수정하니 어렵지 않게 작성할 수 있었다.

처음에는 인지도도 전혀 없었기에 내가 직접 유료 세미나 또는 공개 강의를 기획하고 홍보했다. 강연에 참석할 수강생을 모집하고, 강연 신청 접수와 결재를 진행하고, 일정을 잡고, 장소를 대관해 강의를 진행하는 것까지 전체 프로세스를 직접 해야 했다. 그래서 내가 참여 중인 소모임부터 공략해 강연 참여자를 모았다. 2명 이상만 참석하면 무조건 강연을 진행하기로 했다. 나를 홍보하는 것이 우선이었고, 고객의 성향 파악과 스스로 강의 스킬과 커뮤니케이션을 높일 수 있는 기회라고 판단했다. 이런 방식으로 강의 개수를 늘려나갔다.

만약 남들과 차별화할 수 있는 자신만의 노하우와 경험을 가지고 있다면 강의는 좋은 재테크 수단이 될 수 있다. 처음에는 인지도가 없어 모든 것을 스스로 해야 하지만, 경험이 쌓이고 강의처가 늘어나면 여기저기서 강의 의뢰가 들어오는 시점이 오게 된다. 그러면 강의가 자신의 일이 될 수도 있다.

13
독서로 N잡 하기, 독서모임 만들기

내가 처음 경험한 독서모임은 출판사 대표이면서 《독서모임 꾸리는 법》을 쓴 원하나 작가가 주관하는 독서모임이었다. 그날 모임의 책은 델리아 오언스의 장편소설 《가재가 노래하는 곳》이었다. 책도 재미있었지만, 소설 하나를 읽으며 저마다 다양한 생각과 해석을 할 수 있는 것이 매우 인상적이었다. <u>하나의 책을 읽고 다양한 의견과 새로운 시각을 만나고, 또 그것을 통해 많은 것을 배우게 되는 것이 독서모임의 가장 큰 매력 중 하나일 것</u>이다. 독서모임을 통해 혼자 하는 독서에서 여럿이 함께 읽고 토론하는 독서로 책 읽기가 한 단계 성숙할 수 있었다.

독서모임의 매력에 빠져 여러 독서모임을 찾아다녔다. 평소 책을 많이 읽어놓았고, 책에 대해서 할 말이 많았기 때문에 좋은 기회라고 생각했다. 이렇게 3년간 4~5개의 독서모임에 꾸준히 참석했다. 그러면서 사람들이 왜 독서모임에 나가는지, 심지어 돈을 내고 모임에 참여하는 이유가 궁금했다. 책값을 포함해 독서모임 1회 참가비가 10만 원이 넘는 곳도 있다. 그런데 사람들은 왜 유료 독서모임에 참가하는 것일까?

궁금한 것을 알고 싶어 참여하는 사람들이 있다. 남들은 어떤 책을 읽는지, 어떻게 독서를 하는지 궁금하고, 모임 공간에 대한 호기심, 어떤 부류의 사람들이 왜 모이는지 등에 대해 알고자 독서모임에 참가하는 사람들이 있다. 그런데 이런 부류는 첫 모임 이미지를 중요하게 생각하는 듯하다. 좀 어색하다 싶으면 1회성으로 끝나는 게 대부분이다.

두 번째는 독서 습관을 만들기 위해서다. 책을 읽을 필요성이 있거나, 다양한 분야의 책을 접하고자 독서의 확장성을 바라기 때문에 참석하는 사람들이 있다. 이들은 토론에 편안하게 스며들고 또 적극적이다. 책이란 본질에 충실하기 때문일 것이다.

세 번째는 자랑을 하고 싶어서 참석하는 사람들도 종종 있다. 본인은 책을 몇 권 읽었고, 어떤 작가를 좋아하며, 어떤 작품과 작가를 잘 알고 있다는 등 책을 많이 읽고 아는 것에 대해 우월감을 느끼는 사람들이 있다. 사실 우리는 누구나 자기 자랑을 하고 싶은 욕망이 있다. 책이라는 매개를 통해 자기 의견, 지적 허

영심을 표출하는 것이 독서모임의 또 다른 흥미가 될 수 있다고 생각한다.

네 번째로 성장 및 발전을 위해 참석하는 사람들이 있다. 독서를 통해서 공부, 건강, 재테크, 운동, 인간관계, 시간 관리, 습관 만들기까지 자기계발 또는 자기 성장을 꿈꾸는 사람들이다. 이런 주제들에 대해서 남들은 어떤 책을 읽고 실천하는지 이야기를 듣고 공유하다 보면 자신을 돌아보게 된다. 타인을 자극제 삼아 자신을 뛰게 만드는 사람들이다.

다섯 번째는 취미와 관심사를 공유하고 싶어서 나오는 사람들이 있다. 이들은 좋아하는 책, 작가, 문구류, 공간(서점, 책방, 북카페, 북스테이, 도서관), 여행, 영화, 운동 등에 대한 취미와 관심사를 공유하고자 한다. 이런 사람들은 책만 읽고 헤어지는 모임보다는 뒤풀이가 있는 독서모임을 선호한다. 독서모임에서 책이 아닌 영화·맛집·자전거·달리기·등산 등의 번개 모임이 잦은 이유가 여기에 있다.

여섯 번째는 대인관계 또는 연애 대상자를 만나고자 나오는 사람들도 있다. 독서모임 남녀 성비는 여성 참석률이 높은 편이고, 또 독신자가 많다. 본질이 책이다 보니 모임의 성격이 건전하다. 그래서 이성 간에 대화가 쉽게 오가고 자연스럽게 만남을 이어갈 수 있다는 장점을 활용하는 참가자도 있다.

이런 여러 가지 이유가 있지만, 독서모임에 나오는 가장 큰 이유는 바로 말하고 싶어서다. 다시 말해, 편하게 말할 상대가 필요한 것이다. 독서모임은 책이라는 주제로 대화, 생각, 소통, 교류, 위로와 용기를 얻을 수 있는 장이다. 내성적이거나 말이 없는 사람도 독서모임에서는 말을 많이, 그리고 잘한다. 모임 리더가 각자의 발언권을 보장해 주기 때문이다. 모임 2시간이 언제 지나갔는지 모를 정도로 다들 할 말이 많은 것이 바로 독서모임이다.

우리는 누구나 말하고 싶은 욕망을 갖고 있다. 자기표현의 욕구를 갖고 있기 때문이다. 독서모임은 현대인에게 말하고 싶은 욕망을 풀어주는 공간이라 할 수 있다.

그런데 여러 독서모임을 참가하다보니 독서모임을 직접 만들고 싶은 욕망이 생겼다. 그래서 어떤 독서모임을 만들고 싶은지 콘셉트부터 노트에 적었다. 내가 참가했던 독서모임의 경우에는 연령은 20~40대, 성비는 여성 비율이 높고, 전문 직종의 직장인, 미혼자가 많았다. 그리고 이들의 가장 큰 관심사는 자기계발과 재테크였다. 그래서 나의 직업적 전문성, 10여 년간의 독서와 재테크 경험을 반영해서 독서모임 소개 글을 다음과 같이 적었다.

'독서를 재테크로 연결해 지적 성장과 경제적 자유를 만들어가는 북클럽 '독서와 재테크'입니다. 우리는 함께 독서+자기계발+도시 답사+부동산 투자를 실천합니다. 경제·부동산·재테크·자기계발 책을 함께 읽고 토론 후 운영자는 주제 책의 핵심내용을 정리해 발표하는 '10분 강연' 시간을 갖습니다. 정기 모임은

월 2회 지정 책을 읽고 모임 참석, 월 1회 도시 답사(임장, 맛집, 상권 분석) 또는 재테크 강연을 진행합니다. 그리고 우리 모임 활동의 주제가 되는 독서, 재테크, 도시 건축 부동산 답사를 기록해 공동저자로 책을 출간합니다.'

이렇게 '소모임 앱'에 '독서와 재테크'란 제목으로 소개글을 올리고 독서모임을 만들었다. 독서모임을 만들겠다고 생각하고 실천 계획을 세웠음에도 실제 실행하기까지 1년이 걸렸다.

독서모임을 진행하면서 다음과 같은 책들을 함께 읽었다. 송희구 작가의 《서울 자가에 대기업 다니는 김 부장 이야기》, 한종수·강희용 작가의 《강남의 탄생》, 유현준 작가의 《어디서 살 것인가》, 박성현 작가의 《아빠의 첫 돈 공부》, 최인욱 작가의 《돈이 되는 공간》, 고명환 작가의 《이 책은 돈 버는 법에 관한 이야기》, 호리에 다카후미 작가의 《가진 돈은 몽땅 써라》, 게리 켈러와 제이 파파산의 《원씽》, 정태익 외 공저 《머니 트렌드 2025》, 김승호 작가의 《돈의 속성》, 하브 에커 작가의 《백만장자 시크릿》.

독서모임을 3년간 경험하고 직접 운영하면서 깨달은 사실은 독서모임이 단순히 책을 읽고 토론하는 공간을 넘어서 새로운 수익창출의 기회가 될 수 있다는 점이다. 독서모임 운영자로서 참가비를 통한 직접적인 수익은 물론, 독서모임을 통해 형성된 네트워크와 전문성을 바탕으로 다양한 부가 수익을 만들 수 있다. 예를 들면 재테크나 부동산 관련 독서모임의 경우 투자 상담,

강연, 컨설팅으로 확장할 수 있고, 문학 독서모임은 글쓰기 클래스나 출판 기획으로 발전시킬 수 있다. 내 경우처럼 '독서와 재테크' 모임에서 함께 읽고 토론한 내용과 부동산 임장을 바탕으로 공동저자로 책을 출간하는 것도 독서모임 활동 자체가 또 다른 수익원이 된다.

이런 측면에서 독서모임은 단순한 취미 활동이 아닌, 독서를 활용한 N잡으로 활용할 수 있다. 책을 매개로 사람들과 만나고, 전문성을 쌓고, 네트워크를 형성하며, 이를 통해 수익원을 창출할 수 있는 것이 독서모임의 매력이자 잠재력이라 할 수 있다.

제4장

재테크
불변의 법칙

01
성공적인 재테크를 위한 필수요소, 메타인지

지피지기 백전불태란 말이 있다. 적을 알고 나를 알면 백 번 싸워도 위태롭지 않다는 의미다. 독서와 재테크도 나를 정확히 파악하고 시작해야 한다. '메타인지'라는 말이 있다. 자신의 사고 과정과 감정을 인식하고 조절하는 능력을 말한다. 이는 크게 두 가지 주요 영역으로 나눌 수 있다. 메타인지적 지식과 메타인지적 조절이다. 메타인지적 지식은 자신의 사고 과정을 이해하는 능력이며, 메타인지적 조절은 이러한 인식을 바탕으로 자신의 사고와 감정을 조절하는 능력이다.

예를 들면, 특정 문제를 해결하기 위해 다양한 전략을 시도하고 그 결과를 평가하는 과정에서 자신이 어떤 전략을 더 선호하고 어떤 전략이 효과적이지 않은지를 이해하는 것이 메타인지적 지식에 해당한다. 이와 함께 자신의 감정적 반응이나 스트레스를 조절해 문제해결에 더 효과적으로 접근하는 것이 메타인지적 조절에 해당한다. 따라서 재테크에서 메타인지는 매우 중요한 요소다. 그것은 다음과 같은 측면에서 드러난다.

<u>첫째는 감정적 반응의 조절이다.</u> 투자자들은 시장의 변동성이나 손실에 대해 감정적으로 반응하기 쉽다. 이러한 감정적 반응은 잘못된 투자 결정을 초래할 수 있기에 메타인지적 조절을 통해서 자신의 감정을 인식하고 이를 조절할 수 있다면 더 합리적이고 이성적인 투자 결정을 내릴 수 있다.

<u>두 번째는 사고 과정을 인식하는 것이다.</u> 투자 과정에서의 결정은 복잡한 사고 과정을 거치게 된다. 그래서 메타인지적 지식을 활용해 자신의 사고 패턴을 인식하고, 이를 바탕으로 보다 전략적인 접근이 가능하다. 예를 들면, 고정관념에 얽매이지 않고 다양한 관점을 고려하는 균형 잡힌 시각을 갖는다면 보다 올바른 투자 결정을 내릴 수 있다.

<u>마지막으로 자기 평가와 개선이다.</u> 투자 결과를 분석하고 개선하기 위한 과정에서도 메타인지가 중요하다. 자신의 투자 전략과 결과를 객관적으로 평가하고, 어떤 부분이 잘못되었는지를 인식하는 능력은 향후 투자 성과를 높이는 데 도움이 된다.

경험은 생각을 지배한다고 한다. 개인적 경험에 따라 독서에

대한 편견뿐 아니라, 재테크에 대한 부정적 선입견으로 우리는 자산 증식의 기회를 놓치기도 하고, 어렵게 모은 재산을 잃기도 한다. 그만큼 경험이 중요하다. 전쟁을 경험한 부모님 세대와 70년대 이후에 태어나 경제적 성장과 민주적 안정을 경험한 X세대, 90년대 이후에 태어난 MZ세대는 재테크에 대한 관점부터가 다르다. 그래서 현재 자신의 재정 지식과 투자 성향, 월 또는 연간 벌어들이는 소득수준 및 자산 규모, 자신의 욕망과 생애 주기를 정확하게 파악해야 한다. 그리고 그에 맞는 계획을 세워야 한다.

<u>우선 자신의 재정 지식과 투자 성향을 인식하자.</u>

메타인지를 통해 자신이 재테크 관련 지식이 어느 정도인지, 또 어느 정도의 이해도가 있는지 파악할 수 있다. 자신이 부동산 또는 주식 투자에 대해 얼마나 이해하고 있는지 인식하지 못하고 무작정 시장에 뛰어들 경우, 커다란 손실을 입을 수 있다. 자신이 예·적금처럼 원금 보장형 또는 펀드와 같은 덜 위험한 투자를 원하는지, 아니면 부동산과 주식처럼 고위험 고수익을 원하는지 자신의 투자 성향을 먼저 알아야 한다. 그리고 자신의 재정 상태인 수입, 지출, 연봉 등을 인지해 투자 대상에 맞는 시드머니를 준비해야 한다.

<u>여기에 자신의 생애 주기로서 취업 시점부터 승진과 퇴사까지, 결혼과 아이 출생부터 초중고교 교육까지 약 20~30년을 재테크 기간으로 설정한다.</u> 이런 과정에서 자신의 욕망이 어디를

향하는지 파악하고 이에 맞게 움직이는 것이 중요하다. 궁극적으로 재테크의 목적은 돈을 벌어 내가 잘하는 것, 내가 좋아하는 것, 내가 이루고 싶고 원하는 것에 돈을 쓰는 것이다.

나는 재테크에 필요한 재정 지식과 투자 성향을 모두 책을 통해서 배우고 방향을 잡았다. 재테크 메타인지에 독서를 적극 활용한 것이다. 나는 먼저 내 재정 상태를 알기 위해서 월수입과 소비지출을 파악했다. 그리고 1년간 최대한 모을 수 있는 예산을 따져 본 결과 직장생활 1년 차에는 1,000만 원, 2년 차에 1,200만 원, 3년 차에 1,500만 원을 저축할 수 있었다. 간단하게 계산해서 급여의 절반을 1년짜리 적금에 부었다.

그렇게 2년간 모은 돈으로 처음 아파트 분양권 투자를 했다. 이유는 계약금 10%만 있으면 가능했기 때문이다. 20년 전에는 아파트 3.3㎡당 분양가가 500만 원대였으니 계약금으로 2,000만 원이 채 들어가지 않았다. 20년이 지난 지금도 같은 방법이 가능하다. 서울을 제외한 수도권 신규 분양아파트의 분양가가 4~5억 대이니 2~3년 모은 돈으로 분양권 투자가 가능하다.

아파트 투자와 함께 주식 투자도 병행했다. 하지만 주식 투자에서는 좋은 성과를 내지 못했다. 부동산과 비교해 변동성이 크고 신경이 많이 쓰인다는 점이 나와는 맞지 않았기 때문이다. 투자 및 재테크 대상은 아주 다양하다. 투자금이 없으면 없는 대로, 적으면 적은 대로 그에 맞는 대상과 방법을 찾아 행동하면 된다.

최근 나의 재테크 방법은 책 쓰기, 독서모임, 강연, 컨설팅 등으로 다양해졌다. 직접적인 투자금이 필요치 않은 분야로 확장된 것이다. 오랜 기간 독서를 통해 쌓인 배경지식과 부동산 마케터로서의 노하우가 재테크에 필요한 자본금, 수익과 지출구조, 투자 대상과 공간 등에 구애를 받지 않도록 해준 것이다.

그리고 요즘은 SNS를 활용한 개인 브랜딩과 홍보 여부에 따라 여러 가지 방법을 통해 돈을 벌 수 있는 세상이다. 자신의 재정 상태와 라이프 스타일, 자신이 무엇을 욕망하는지를 잘 파악하는 것이 중요해졌다. 현재의 재테크 환경은 단순한 기술적 지식에 그치지 않고, 자신의 사고 과정과 감정을 이해하고 조절하는 능력을 요구한다. 메타인지를 통해 재테크 전략을 한층 더 깊이 있고 효과적으로 운영할 수 있으며, 이는 결국 성공적인 투자를 위한 중요한 요소로 작용할 것이다. 재테크에서 메타인지를 키우는 것은 자신을 객관적으로 인식하고, 지속적으로 학습하며, 투자 전략을 개선하는 과정이다. 이를 통해 더 나은 재정적 의사결정을 내리고 장기적으로 성공적인 재테크를 실현할 수 있다.

02
인생, 독서, 재테크는 방향이 중요하다

삶은 속도보다 방향성이 중요하다. 여행에 지도가 필요하듯 독서와 재테크에도 지도가 필요하다. 여기에서의 지도란 자신에게 책 읽는 즐거움과 감동, 삶의 변화와 방향성을 제시해 주거나 자기계발과 자산 증식에 도움이 되는 지도를 말한다. 인생지도는 삶의 목표, 방향성, 현재 나의 위치를 알려준다. 여기에 독서를 위한 지도 하나와 재테크를 위한 지도 하나를 추가해보자. 이 둘은 분리하지 않고 하나의 지도에 묶어서 독서와 재테크 지도로 만들 수 있다. 책을 읽어갈수록 독서의 폭은 확장된다. 그래서 독서지도 만들기가 필요하다. <u>독서지도를 바탕으로 저축을 통한 종잣돈 마련, 투자를 통한 자산 증식, 모은 자산을</u>

관리해 증여 또는 상속 그리고 기부 계획을 수립하는 재테크 지도를 그려보자.

나는 독서를 시작하면서 인생 지도와 재테크 지도를 그리기 시작했다. 독서를 시작하고 4년이 지나 약 500여 권의 책을 읽은 다음에야 삶의 방향성을 잡아갈 수 있었다. 그리고 생애 첫 내 집 마련을 하고 나서야 구체적인 재테크 지도를 그리게 되었다. 그 당시 나의 재테크 지도 그리기는 1년에 집 한 채씩을 사는 것이었다. 그것을 8년간 실천했다. 그 이후 집값 상승이 최고조에 달했고, 반면 금리는 급속히 상승해 부동산 투자 메리트는 줄어들었다. 그래서 2021년 이후 3년간 부동산 투자는 쉬어가는 타이밍으로 생각했다. 그리고 그동안의 독서와 재테크 경험을 바탕으로 N잡을 뛰고 있다.

부동산 투자의 요점을 정리하면 아주 단순하다.

첫 번째는 종잣돈을 모으는 것이다. 매년 연봉의 50~60%를 1년짜리 적금에 들고, 1년 만기 후엔 1년짜리 예금으로 돌린다. 이것을 3~4년 반복하면 5천만 원 정도를 모을 수 있을 것이다.

두 번째는 레버리지를 활용해 투자가치가 높은 아파트를 찾아 매입한다. 레버리지란 은행 대출과 전세를 활용한 갭투자를 활용하는 것을 말한다.

세 번째는 자기자본 투입 대비 투자수익률이 가장 높다고 판단되는 시점에 매입 & 매각 타이밍을 잡고 실천하는 것이다. 이 부분이 가장 어려우면서도 중요하다. 투자자의 욕심과 심리적 불안감이 작용하기 때문이다.

네 번째는 이 과정을 반복하는 것이다.

나는 2020년까지 아파트 매매 및 분양권과 조합 입주권 투자, 오피스텔 임대수입, 카페창업과 운영으로 사업소득을 올렸다. 그리고 투자에 필요한 종잣돈 마련을 위해서 직장 급여를 활용했다. 매달 들어오는 고정적 급여에 큰돈은 아니지만 오피스텔 월세, 여기에 카페 운영수익이 붙으니 자산 증가 속도가 빨라졌다. 2020년 누구도 예상치 못했던 코로나19 팬데믹으로 모든 일상이 멈췄다. 이에 정부는 내수 경제와 자영업자 살리기 일환으로 금리 인하와 정책 지원금 및 각종 보조금을 풀었다. 이로 인해 유동성 자금이 부동산으로 유입되며 특히 아파트 가격이 급상승했다. 이때 내가 매입한 부동산도 가격이 큰 폭으로 상승했고, 이것을 기회로 일부를 매각하고 세종시에 전원주택을 지었다. 그리고 앞으로 10년을 목표로 영농체험과 책을 주제로 한 복합문화공간을 만들겠다는 재테크 지도를 그리고 있다. 자급자족하는 삶을 실천하고자 인생 2막의 준비를 시작하게 된 것이다.

재테크 지도는 단순히 저축과 투자만이 아닌, 자신의 생애주기에 맞춰 적절한 재정 목표와 계획을 세우고, 이를 체계적으로 관리하는 과정을 포함한다. 그렇다면 재테크 지도는 어떻게 그리는지 방법을 알아보자. 아래는 연령대별 생애주기에 따른 재테크 지도 그리기 사례다.

생애주기에 따른 재테크 지도 그리기

20대는 '자립과 재정 기초 다지기'다. 대학 졸업과 취업을 하는 20대 중후반에는 재정적 자립과 기초 자산을 형성하는 데 목표를 세운다. 이를 위해서 수입(직장인은 급여)의 60% 이상을 저축하길 권한다. 3년간 5000만 원을 모으겠다는 목표도 좋은 방법이다. 1년짜리 정기적금 가입을 추천한다. 그리고 1년 적금이 만기 되면 최대한 이자가 높은 1년짜리 정기예금 상품에 재가입한다. 이 과정에서 청약저축 가입은 필수다. 또 하지 말아야 할 것도 있다. 불필요한 보험 및 장기간 납부가 필요한 연금 등이다. 20~30대는 암에 걸릴 일도, 특정 사고로 죽을 일도 확률상 크지 않다. 살다 보면 10년·20년짜리 생명보험 및 연금저축 등은 중도 해지하는 경우가 많다. 그래서 1년 단위의 적금에 집중해 종잣돈 모으기를 추천한다.

30대는 '가정 형성과 자산 모으기'라고 할 수 있다. 결혼, 주택 마련과 같은 중요한 생애 이벤트가 있다. 전세자금 대출을 활용하거나 아파트 청약, 미분양 및 분양권, 갭투자를 이용해서 최대한 빠른 시기에 내 집을 마련해보자. 현재의 거주 환경보다는 향후 자산가치가 크게 상승할 지역의 주택을 매입하는 것이 좋다. 그러기 위해서는 인내가 필요하다. 내 집 마련을 하면 주거비용을 절감할 수 있고, 주택을 담보로 대출을 활용해 재투자가 가능하다. 여기에 은행 대출이자보다 몇 배 큰 매매 차익을 기대할 수 있다. 30대는 자칫 잘못하면 수입 대비 소비가 커질 수 있는 시기다. 연봉 인상률에 초과하는 소비지출은 삼가고, 저축에 비중을 높이는 것에 치중하자.

40·50대는 '자산증식과 안정화'가 필요한 시기다. 부동산, 금융 자산을 보다 안정적으로 관리하고, 포트폴리오 안에 있는 자산들의 비중을 조절하는 리밸런싱 과정이 필요하다. 즉 많이 오른 자산은 일부 수익을 실현하고, 하락한 자산 중 투자가치를 분석해 다시 낮은 가격에 매입하는 것을 추천한다. 40대는 사회적 지위 성취와 연봉 인상 등이 가장 클 때다. 왕성한 사회활동 시기인 만큼 지출도 클 수 있다.

여기서 자녀의 교육비 지출에 신경을 쓰자. 학원과 기타 사교육에 소득 대비 지나친 교육비를 지출하지 말고, 그 돈으로 자녀에게 독서와 재테크 능력을 키워주자. 돈 버는 방법을 먼저 알게 되어 흥미를 느낀다면 공부는 저절로 하게 될 수도 있다. 이런 점에서 자녀에게 독서 습관을 물려주는 것이 가장 큰 교육이 될 수 있다.

50대는 은퇴 준비 및 자산 보호가 필요하다. 은퇴 시기가 점점 빨라지고 있다. 반면 생명은 연장되어 사람들은 은퇴 후 40년 이상을 살아가게 될 것이다. 따라서 소득을 가져다주는 제2의 직업을 미리 준비해야 한다. 은퇴 전 경험한 직업적 노하우를 살려 경제활동 또는 수익모델을 만들거나, 요즘 젊은 세대가 선호하는 N잡에 도전하는 것도 좋은 선택이다.

가능하다면 집은 두 채를 소유하길 권한다. 한 채는 가족이 거주하고, 한 채는 임대를 주거나 세컨드하우스로 활용하면 좋을 것이다. 거주지와 인접한 농촌에 전원주택을 짓고 체험할 수 있는 주말농장을 운영하거나 경치 좋은 산과 바닷가에 세컨드하우스를 두고 민박을 겸한다면 부수입을 올릴 수도 있다. 실질 소득이 가장 많이 증가하고 재테크에 적극적인 40·50대에 실생활에 편리한 거주하는 집과는 다른 개념의 집을 한 채 더 소유하기를 추천한다.

60대부터의 재테크는 단순히 자산을 불리는 것을 넘어 안정성과 지속적인 현금 흐름을 중요하게 고려해야 한다. 은퇴 후의 삶을 준비하는 단계이기 때문에 재테크 지도를 그릴 때는 장기적인 안전망과 단기적인 수익성을 균형 있게 유지하는 것이 핵심이다.

중요한 점은 현재 50대에게 다가오는 노후는 과거와는 다른 개념임을 유념해야 한다는 것이다. 평균 수명의 연장으로 100세 시대를 넘어설 것이기 때문이다. 따라서 일해야 하는 나이도 늘어나고, 건강한 삶을 위해서 재테크는 더욱더 중요하다. 과거 전통적인 재테크 방법만을 고집할 것이 아니라 혼자서도 언제 어디서나 일하고 수익 창출이 가능한 N잡으로 재테크 방향을 설정해 준비해갈 필요가 있다.

노인들이 준비할 수 있는 N잡은 그들이 가진 경험과 기술을 바탕으로 한 지식 산업과 디지털 경제로 확장될 수 있는 분야다. 예를 들어, 오랜 직장생활에서 쌓은 노하우를 바탕으로 강의, 컨설팅, 멘토링, 코칭 등의 활동을 할 수 있다. 최근에는 온라인 플랫폼을 통해 지식을 나누거나 상품을 판매하는 것이 쉬워졌기 때문에 노인들도 이러한 플랫폼을 활용해 온라인 비즈니스를 시작할 수 있다. 또한 프리랜서 등 자신의 전문성을 살릴 수 있는 다양한 기회가 열려 있다.

나의 인생지도 그리기

인생지도를 시각적으로 정리하는 것은 자신의 삶을 객관적으로 바라보고 체계적으로 설계할 수 있는 장점이 있다. 먼저 자기 이해 측면에서 큰 도움이 된다. 평소 막연하게 생각했던 자신의 장점과 약점, 가치관을 명확하게 파악할 수 있으며, 내면 깊숙한 욕구와 동기를 구체화할 수 있다. 이는 자신이 진정 원하는 것이 무엇인지 알아가는 과정이기도 하다.

또한 목표 설정과 방향성 확립에도 매우 유용하다. 추상적이고 모호했던 꿈들을 구체적이고 실현 가능한 목표로 전환할 수 있으며, 수많은 할 일들 중에서 우선순위를 명확히 해 가장 중요한 것에 집중할 수 있게 된다. 그리고 삶의 여러 영역을 종합적으로 고려해 균형 잡힌 삶을 설계할 수 있다. 일과 가족, 건강과 취미, 현재와 미래 등 다양한 측면을 함께 고려함으로써 놓치고 있던 중요한 부분들을 발견할 수 있다.

무엇보다 인생의 중요한 선택 순간에 의사결정 도구로 활용할 수 있다는 점이 큰 장점이다. 자신만의 가치관과 목표가 명확해지면, 어려운 결정을 내려야 할 때 그 기준에 따라 더 가치 있는 선택을 할 수 있다.

여기서 유의할 점은 나의 인생지도 그리기는 한 번으로 끝나지 않고 계속해서 분기별 또는 1년 주기로 업데이트해야 한다는 것이다. 시차를 두고 주기적으로 그려보면서 본인이 가장 욕망하는 것이 무엇인지를 명확히 알아보자.

다음은 예시로 나의 인생지도를 시각화해서 정리해본 것이다.

나의 장점	일	건강	나의 단점
· 심사숙고 · 선택에 대한 책임 · 성실, 예의, 개인주의	· 출판, 강연, 컨설팅 · 독서모임 운영 · 도시답사, 임장	· 달리기(1시간 10km) · 균형 잡힌 식생활 · 5시 기상, 23시 취침	· 잡생각이 많음 · 결정장애/망설임/걱정 · 모험 회피/무임승차
좋은 습관	공부	삶의 목표	취미	나쁜 습관
· 독서(매일 읽기) · 메모/글쓰기/책 쓰기 · 운동 (걷고 달리기)	· 독서법(속독) · 말하기 (발표, 강연) · 글쓰기, 책 쓰기	· 읽고 쓰고 달리기 · 운필 농원 경영 · 자급자족하는 삶	· 여행(여행작가) · 재테크 · 가드닝	· 늦은 기상/취침 · 잦은 음주 · 미루기
	가족	관계	
	· 가족 독서모임 · 여행(독서/책/도서관/걷기/음식) · 운필 농원 농산물 재배/판매	[나를 세상에 내보이자] · 독서모임 '독서와 재테크' 리더 · 아파트 독서모임 개설/운영 대행 · 운필 도서관 개관/운영	

03
시드머니, 1000만 원부터 시작해보자

재테크를 통해 자산을 늘리고 안정적인 경제 기반을 마련하는 것이 중요하지만, 이를 시작하기 위해서는 반드시 필요한 한 가지가 있다. 그것은 바로 시드머니(Seed Money)다. 시드머니는 재테크의 시작이자, 성공의 가능성을 높이는 기반으로 작용한다.

종잣돈이라고도 불리는 시드머니는 영어 단어 'Seed'에서 알 수 있듯이, 투자나 자산관리를 시작할 때 필요한 초기 자금을 의미한다. 이것은 재테크의 출발점이 되는 자금이며, 이를 기반으로 다양한 투자 활동을 전개하게 된다. 농부가 씨앗을 심어 수확을 기다리는 것처럼 시드머니는 장기적으로 수익을 기대하며 투자하는 씨앗과도 같다.

재테크에서 시드머니가 중요한 이유는 초기 자금이 있어야만 자산을 불릴 수 있는 기회가 생기기 때문이다. 주식, 부동산, 창업 등 다양한 투자 기회는 모두 일정 금액 이상의 자금이 있어야 시작할 수 있다. 이러한 자금 없이 재테크를 시작하는 것은 불가능하거나, 제한적일 수밖에 없다. 시드머니는 그 규모가 크든 작든 상관없이 매우 중요한 자산이다. 적은 금액이라도 이를 현명하게 운용하면 큰 수익을 낼 수 있지만, 충분한 시드머니가 없는 상황에서 무리하게 투자를 시도하면 큰 손실을 볼 위험이 크다. 따라서 시드머니는 단순히 초기 자금의 역할을 넘어서 성공적인 재테크를 가능하게 하는 기본적인 자원이라 할 수 있다.

예를 들어, 주식투자의 경우 시드머니를 활용해 주식을 매수하고, 주가 상승에 따른 차익을 기대할 수 있다. 시드머니가 크면 더 많은 주식에 투자할 수 있어 수익의 기회가 커지고, 다양한 종목에 분산 투자해 리스크를 줄일 수 있다. 반면 시드머니가 적으면 선택할 수 있는 종목이 제한되며, 높은 리스크에 노출될 가능성이 크다. 부동산 투자도 마찬가지다. 시드머니가 충분하다면 대출을 최소화해 이자 부담을 줄일 수 있으며, 더 좋은 위치나 더 큰 규모의 부동산에 투자할 수 있다. 반대로 시드머니가 적으면 대출 비율이 높아져 이자 부담이 커지고, 이는 투자 리스크로 이어질 수 있다.

시드머니와 깊은 관련이 있는 복리의 힘에 대해서도 알아보

자. 재테크의 또 다른 중요한 개념인 복리는 시드머니의 규모와 밀접하게 연결된다. 복리란 원금과 그에 대한 이자가 다시 재투자되어 새로운 이자를 낳는 과정을 의미한다. 시간이 지남에 따라 복리는 자산을 기하급수적으로 늘릴 수 있는 강력한 수단이다. 그러나 복리의 효과를 극대화하려면 초기 시드머니가 어느 정도 있어야 한다. 시드머니가 크면 클수록 복리의 효과가 더 빨리, 더 크게 나타난다. 예를 들어, 연이율 5%로 복리효과가 적용된다고 가정할 때, 1,000만 원의 시드머니와 1억 원의 시드머니가 10년 후에 만들어내는 차이는 매우 크다.

재테크를 할 때 시드머니가 얼마나 있어야 하는지에 대한 기준은 없다. 하지만 자신만의 목표와 기준 설정은 매우 중요하다. 다시 말해, 투자 목표 달성을 위해서 시드머니로 어느 기간 내에 얼마를 모으겠다는 계획이 반드시 필요하다는 것이다. 예를 들면, 내 집 마련을 위한 분양 계약금으로 5000만 원이 필요하다면 5000만 원이란 시드머니를 모으기 위해 들어가는 시간과 방법을 찾는 것이다. 시드머니를 효과적으로 모으기 위해서는 소득 관리, 지출 통제, 저축 습관 등이 중요하다. 이를 통해 차근차근 자금을 마련할 수 있으며, 이는 향후 재테크에서 중요한 역할을 한다.

그렇다면 시드머니를 어떻게 만들 수 있을까?

첫째, 소득을 꾸준히 관리하는 것이다. 시드머니를 모으기 위해서는 무엇보다 안정적인 소득원이 필요하다. 정기적인 소득이 있어야 그중 일부를 저축하거나 투자자금으로 활용할 수 있다. 소득이 불안정하거나 일정하지 않다면, 시드머니를 꾸준히 모으는 것이 쉽지 않을 수 있다. 직장인이라면 소득에서 일정 비율을 저축하는 습관을 기르고, 프리랜서나 자영업자라면 수익의 일부를 저축해 시드머니를 형성해야 한다. 위의 재테크 지도 그리기에서 언급했듯 1년짜리 정기적금과 예금은 시드머니 마련을 위한 안정적이고 좋은 방법이다.

둘째, 지출을 체계적으로 통제해야 한다. 소득을 모으는 것 이상으로 중요한 것이 지출 관리다. 지출을 효과적으로 통제하지 않으면 소득이 아무리 많아도 시드머니를 모으는 데 한계가 있다. 따라서 소비 습관을 점검하고, 불필요한 지출을 줄이는 것이 중요하다. 예를 들면, 외식비나 쇼핑비용을 줄이고, 고정 지출을 줄이는 등으로 저축 가능한 금액을 늘릴 수 있다. 지출 통제는 시드머니를 빠르게 모으는 데 중요한 역할을 한다. 소득의 60% 이상을 저축한다면 성공적이라 할 수 있다.

셋째, 자산 분배 전략을 활용하는 것이다. 저축만으로는 시드머니를 빠르게 모으는 데 한계가 있을 수 있다. 따라서 자산 분배 전략을 활용하는 것이 필요하다. 예를 들어, 소득의 일정 부분을 안전한 투자처에 분산 투자해 이익을 내는 방법이 있다. 상대적으로 높은 금리의 예금, 적립식 펀드, 우량 배당주 등은 비교적 안정적인 수익을 기대할 수 있는 투자처로 시드머니를 효과적으로 불리는 방법이 될 수 있다.

넷째, 소액 투자를 통한 시드머니 축적이다. 최근에는 소액으로도 투자할 수 있는 다양한 재테크 수단이 많다. 예를 들어, P2P 투자, 소액 주식투자, ETF(상장지수펀드), 크라우드 펀딩 등은 비교적 적은 금액으로도 시작할 수 있는 투자 방법들이다. 이러한 소액 투자를 활용하면, 큰 자금을 마련하기 전이라도 투자 경험을 쌓고, 수익을 축적할 수 있다. 이를 통해 모은 수익이 시드머니로 이어질 수 있으며, 점차 자산을 불리는 기반이 될 수 있다.

시드머니는 재테크의 필수적인 요소로, 자산을 증식하는 과정에서 결정적인 역할을 한다. 재테크의 기초를 마련하기 위해서는 시드머니를 확보하고, 이를 어떻게 효과적으로 운용할 것인지가 중요하다. 시드머니는 다양한 투자 기회를 제공하며, 복리의 힘을 통해 장기적인 자산 증식을 가능하게 한다. 또한 소득 관리와 지출 통제, 그리고 적절한 투자 전략을 통해 시드머니를 차근차근 모으는 것이 필요하다. 이러한 과정을 통해 경제적 안정과 자유를 달성할 수 있다.

04
레버리지는 필수이지만 독이 될 수 있다

자산을 증식하는 방법 중 하나는 '레버리지'를 적절히 활용하는 것이다. 재테크에서 레버리지란 자산을 증대시키기 위해 자산 외의 자원을 활용하는 것을 의미한다. 즉, 적은 자본으로 더 큰 자산을 관리하거나 투자할 수 있도록 도와주는 원리다.

하지만 유념해야 할 것이 있다. 과도한 레버리지는 리스크 요인으로 작용한다는 점이다. 레버리지의 사용은 잠재적인 큰 이익을 가져다줄 수 있지만, 동시에 큰 위험을 동반할 수 있기 때문이다. 레버리지를 통해 투자 규모를 확대하면 투자 자산이 예상과 달리 하락할 경우 손실도 크게 늘어나게 된다. 그래서 레버리지를 활용할 때는 신중한 접근이 필요함을 명심하자. 대출을 통해 레버리지를 활용할 때, 상환 능력을 초과하는 부채를 지게 되면 이자 부담이 커지며, 투자 자산의 가치가 하락할 때 상환이 어려워질 수 있다. 부동산 개발사업의 위험성은 과도한 레버리지에 근본적인 원인을 갖고 있다. 또 시장 변동성에 대처해야 한다. 금융 시장은 변동성이 크기 때문에 레버리지를 사용한 투자에서 예상치 못한 가격변동이 발생할 수 있다. 이러한 변동성은 레버리지 효과를 확대시키기도 하지만, 동시에 큰 손실을 초래할 수 있음을 명심하자.

레버리지의 활용은 투자자 개인의 성향과도 상관관계가 있다. 나는 기본적으로 부채를 싫어했다. 신용카드도 할부를 이용하지 않는 편이다. 그러나 부동산 투자를 시작으로 은행 대출 레버리지를 활용하기 시작했다. 처음엔 자산가치의 40% 이내 범위에서 레버리지를 활용했으나 점점 그 비율이 커졌다. 아파트 분양권 투자와 갭투자를 하면서는 80%, 때로는 그 이상을 레버리지로 활용하기도 했다. 결과적으로 지금까지 큰 문제는 없었다. 이유는 부동산 시장의 호황이 지속되는 과정에서 저금리로 무리하지 않는 투자를 했기 때문이다.

다음은 우리나라에만 존재하는 전세제도를 활용한 주택 갭투자의 레버리지 효과에 대해서 알아보자.

갭투자는 본질적으로 전세금을 레버리지로 사용하는 투자 방식이다. 이는 적은 자기자본으로 큰 자산을 관리할 수 있게 해주며, 주택가격 상승에 따른 시세차익을 기대할 수 있다는 점에서 레버리지의 대표적인 사례다. 레버리지는 적은 자본으로도 더 큰 자산에 접근할 수 있게 하는 방식으로, 갭투자에서 전세금을 활용해 매입 자본을 최소화하는 구조가 이를 잘 보여준다. 하지만 갭투자는 높은 레버리지 효과를 가지는 만큼, 그에 따른 위험도 매우 크다. 특히 전세가가 하락하거나 주택가격이 하락할 경우 투자자는 큰 손실을 입을 수 있다. 빌라 전세 사기 대란이 이 때문에 터진 것이다.

갭투자의 위험성으로는 크게 세 가지를 들 수 있다. 첫째, 전세가 하락 위험이다. 갭투자의 기본 전제는 전세가가 안정적으로 유지되거나 상승할 것에 기반을 두고 있다. 하지만 전세가가 하락하면, 투자자는 전세금 반환에 대한 부담을 크게 느낄 수 있다. 매매가 대비 전세가가 급격히 하락할 경우, 기존에 투자한 자산의 가치가 줄어들고, 추가적인 대출 상환 부담도 커질 수 있다.

둘째, 매매가 하락 위험이다. 주택 가격이 하락하면, 투자자가 기대했던 시세차익을 얻을 수 없을 뿐만 아니라, 자산의 가치가 감소하게 된다. 이럴 경우 갭투자는 손실로 전환될 수 있으며, 특히 레버리지를 많이 활용한 경우 손실은 더욱 커지게 된다.

셋째, 전세 보증금 반환 리스크다. 주택 가격이 하락하거나 전세가가 하락할 경우, 투자자는 전세금을 돌려줘야 할 시점에 반환할 자금이 부족할 수 있다. 이는 부동산의 유동성 부족과 맞물려 투자자에게 큰 재정적 부담을 안길 수 있다.

재테크에 있어 레버리지 활용은 대출이자, 즉 금리와 직결된다. 레버리지는 대출을 통해 자산을 매입하거나 투자를 확대하는 방식으로, 금리는 이 대출의 비용을 결정하는 주요 변수이기 때문에 금리가 레버리지 효과에 미치는 영향은 상당히 크다. 금리가 낮을 때는 레버리지를 활용한 투자가 매력적으로 보일 수 있지만, 금리가 상승할 경우 리스크와 상환 이자 부담이 크게 증가하게 된다. 이러한 상관관계를 이해하는 것은 성공적인 레버리지 전략의 핵심이기에 이에 대해 알아보도록 하자.

먼저 금리가 낮을 때 레버리지의 효과는 세 가지로 비용부담 감소, 수익률 증대, 자산 가격 상승 가능성을 꼽을 수 있다. 금리가 낮을 때는 대출을 통해 자금을 조달하는 데 드는 비용이 줄어든다. 예를 들어, 금리가 3%일 때와 6%일 때 대출을 받는 경우, 매년 갚아야 할 이자 비용이 크게 차이가 난다. 낮은 금리에서는 이자 부담이 적으므로 투자자는 대출을 통해 더 많은 자산을 매입하거나 더 높은 수익을 추구할 수 있으니 이는 부동산 투자나 주식투자에서 레버리지를 활용한 투자가 더욱 매력적일 수 있는 환경이다.

또한 낮은 금리 환경에서는 레버리지를 통해 자산을 증대시키는 전략이 효과적으로 작동한다. 대출 비용이 적으므로 자산 가격이 상승할 경우 수익률은 더욱 커진다. 예를 들어, 부동산이나 주식 투자에서 자산의 가격이 10% 상승하고 대출이자가 2% 라면, 투자자는 상당히 높은 순수익을 기대할 수 있다. 낮은 대출 이자 덕분에 자산의 수익성이 더욱 높아지기 때문이다.

또 금리가 낮으면 대출 비용이 적기 때문에 더 많은 사람이 부동산이나 주식시장에 참여하게 된다. 이는 수요 증가로 이어져 자산 가격이 상승하는 결과로 이어진다. 저금리 시대에 낮은 이자율로 대출을 받아 레버리지 효과를 극대화한 사례가 2020년과 2021년 우리나라의 주택가격을 폭등시키는 결과로 나타났다. 금리가 낮은 환경에서 레버리지를 활용한 투자는 자산 가격상승과 맞물려 더 높은 수익을 낼 수 있는 가능성이 크다. 하지만 금리가 높을 때 레버리지의 위험성은 비용부담의 증가, 수익률 감소, 자산 가격 하락 가능성으로 나타날 수 있다는 점에 유의할 필요가 있다.

따라서 금리와 레버리지 투자에 대한 전략적 접근이 필요하다. 경제 순환주기처럼 금리에도 높고 낮아지는 사이클이 존재한다. 따라서 금리가 낮아지면 레버리지를 활용한 투자는 매우 유리해진다. 대출 이자율이 낮아져 자금 조달 비용이 줄어들고, 자산 가격 상승 가능성도 높기 때문에 이때는 적절한 레버리지를 통해 투자 규모를 확대하는 것이 좋은 전략이 될 수 있다.

반면, 금리가 상승하는 시기에는 레버리지를 줄이는 것이 안전한 전략이다. 대출이자 비용이 증가하면서 수익성이 낮아질 수 있기 때문에 과도한 레버리지 사용은 큰 위험을 초래할 수 있다. 또한 금리가 상승할 경우 자산 가격하락 가능성도 고려해야 한다. 따라서 금리 상승기에는 리스크를 철저히 관리하고, 필요 시 대출을 상환하거나 투자 규모를 축소하는 것이 바람직하다.

결론적으로 금리 변동성을 대비한 유동성 확보가 필요하다. 유동성이 충분할 경우, 금리 인상에 따른 대출 상환 압박을 덜 받을 수 있으며, 금리 하락기에는 추가 자산 매입 기회를 잡을 수 있다.

레버리지는 재테크에서 자산을 증대시키는 강력한 도구라는 점은 확실하다. 이를 통해 투자자는 적은 자본으로 더 큰 기회를 잡을 수 있으며, 자산 포트폴리오를 다각화할 수 있다. 하지만 레버리지를 활용할 때는 신중하게 접근하고, 리스크를 관리하는 것이 중요하다는 점을 잊지 말자. 레버리지의 장점과 위험을 잘 이해하고, 전략적으로 활용한다면 재테크의 성공적인 길로 나아갈 수 있을 것이다.

"레버리지로 수많은 사람이 떼돈을 벌고, 수많은 사람이 실패했다."

- 《불변의 법칙》중에서

05
성공적인 투자를 위해 사이클을 정복하자

성공적인 재테크를 위해서 가장 중요한 요소 중 하나는 '사이클'을 이해하는 것이다. 재테크에서 '사이클'이란 자산 가격, 경제 지표, 시장 조건 등이 시간에 따라 규칙적 또는 불규칙적으로 반복되는 변동 패턴을 의미한다. 이 사이클은 경제 성장, 금리, 인플레이션, 기업 이익, 투자 심리 등의 요소에 의해 영향을 받으며, 주식, 부동산, 채권, 원자재 등 여러 자산시장에서 각기 다른 속도로 나타난다.

사이클은 크게 확장(상승)과 수축(하락)의 주기를 반복하며, 투자자는 사이클을 파악해 시장의 움직임을 예측하고 전략을 세울 수 있어야 한다. 각 자산시장에서의 사이클은 투자 시점, 투자 규모, 그리고 자산 선택에 영향을 미치는 중요한 요소로 작용한다. 사이클을 이해하려면 각 단계의 특징을 잘 알아야 한다.

경제 사이클이든, 금리 사이클이든, 부동산 사이클이든 각각의 단계에 따라 적절한 투자 전략을 설정할 수 있다. 예를 들어 1단계 '확장기'에는 경제가 성장하고 자산 가격이 상승할 때로 상대적으로 위험 자산에 투자하는 것이 좋다. 주식, 부동산, 원자재 같은 자산이 상승세를 보일 가능성이 크기 때문이다.

2단계 '정점기'에는 시장의 거품이 형성될 수 있는 시기이므로 신중한 투자와 리스크 관리가 필요하다. 투자 자산을 팔아 원금과 수익금을 회수하는 것이 좋다.

3단계 '수축기'에는 경기 침체가 예상되면 방어적인 자산, 즉 채권이나 금 같은 안전 자산에 투자하거나 현금 보유 비중을 늘리는 것이 좋다.

4단계 '저점기'에는 자산 가격이 하락하고 저평가된 기회가 있을 때는 가치가 있는 자산을 싸게 매수할 수 있는 시기다.

재테크에 있어 사이클이 무엇인지 그리고 주기적 패턴을 이해했다면, 다음으로 중요한 것은 이 사이클을 잘 활용할 수 있는 전략이다. 여기에는 분산투자(Diversification), 타이밍 전략(Market Timing), 사이클을 이용한 자산 재분배(Re-balancing)가 있다.

먼저 '분산투자 전략'은 사이클을 완벽하게 예측하기는 어렵기 때문에 여러 자산에 분산투자하는 것을 말한다. 서로 다른 자산군은 각기 다른 사이클을 겪기 때문에 한 자산이 하락할 때 다른 자산은 상승할 수 있다는 점에 착안한 것이다. 주식, 채권, 부동산, 원자재, 현금을 적절히 배분하면 특정 사이클에 과도하게 의존하지 않도록 리스크를 분산할 수 있다.

'타이밍 전략'은 시장의 사이클을 예측해 자산을 사고파는 방법을 말한다. 사이클의 저점에서 자산을 매수하고, 고점에서 매도하는 것이 이상적이지만, 이것을 예측하기란 매우 어렵다. 사실 예측은 가능하지만 인간의 심리. 욕심과 불안감이 끼어들어 비상식적 의사결정을 내리고 실행을 방해하는 것이 문제라 할 수 있다. 따라서 '점진적 투자' 또는 일정 금액을 정기적으로 투자하는 '달러 코스트 애버리징(DCA)' 방식으로 특정 주기를 피하거나 극대화하는 것이 하나의 전략이 될 수 있다. 이 방법은 사이클에 크게 의존하지 않고 장기적으로 리스크를 줄이면서 자산을 축적하는 데 유리하다.

'사이클을 이용한 자산 재배분 전략'은 사이클에 맞춰 주기적으로 포트폴리오를 재조정하는 것을 말한다. 예를 들어, 확장기에는 주식과 부동산 같은 위험 자산 비중을 높이고, 수축기에는 채권이나 현금 비중을 높이는 방식으로 자산을 재분배할 수 있다. 주기적인 자산 재배분은 포트폴리오가 지나치게 한 자산군에 치우치는 것을 방지하고, 안정성을 유지하는 데 유리하다.

'사이클'은 경제와 투자에서 중요한 개념으로, 자산시장의 변동성과 주기에 따라 재테크 전략이 크게 달라질 수 있다. 사이클에는 경제가 확장과 수축을 반복하는 '경제 사이클', 중앙은행의 금리 정책에 따라 변동하는 '금리 사이클', 경제와 금리 사이클과 밀접한 관련이 있는 '부동산 사이클'이 있다. 이들은 모두 상호 연관성을 갖고 함께 나타나거나 일정 시간차를 두고 발생하며, 주기적인 패턴을 보인다. 이 모든 경제·금리·부동산·정책 사이클을 장시간 모니터링해 분석한 사례가 있다.

우리는 과거를 통해 미래를 배울 수 있다. 특히 부동산 투자 분야가 그러하다. 주택시장은 수요공급과 유동성에 따라 가격 조정이 크다. 따라서 정부의 부동산 정책은 시장 반응을 따라 후행하는 모습을 보여왔다. 즉, 과거의 경제 사이클을 알면 대략 미래의 부동산 주택 정책을 어렵지 않게 예측할 수 있다. 부동산 사이클(파동)에 관한 흥미로운 책이 있어 소개해본다.

《아파트값 5차 파동》의 최명철 저자는 1962년부터 발행일인 2000년까지 부동산뿐만 아니라 당시의 경제 상황과 물가까지 기록했다. 그리고 부동산 가격이 상승하고 하락하는 사이클을 분석해 '파동'으로 구분했고, 각 파동이 시작된 국내외 상황, 파동이 진행된 기간, 파동이 끝나게 된 요인까지 저자 나름의 기준을 적용해 분석했다.

저자는 아파트값 파동을 "주택시장을 둘러싼 여건의 변화로 수요가 일시에 집중되어 수급 불균형이 발생하면 이로 인해 시장 에너지가 강해져 아파트값이 짧은 기간 동안 큰 폭으로 오르는 것"이라고 정의했다.

저자는 아파트값 파동의 주요 요인과 시기도 제시했는데, 제1차 파동은 1973년~1974년으로 오일쇼크에 의한 '유동성'을 원인으로 들었다. 제2차 파동은 1977년~1978년으로 중동특수로 인한 오일머니 유입에 따른 '유동성'이다. 제3차 파동은 1982년~1983년으로 유동성과 저금리 및 정부 부동산 정책을 원인으로 제시했다. 제4차 파동은 1987년~1991년으로 유동성, 3저 호황, 수급 불균형 및 정부 부동산 정책을 언급했다. 아쉽게도 이 책은 아파트값 5차 파동을 끝맺지 못하고 마무리되었다.

그래서 내 개인적 견해로 제5차에서 제7차까지 아파트값 파동을 예측해보았다.

제5차 아파트값 파동은 2006년~2007년으로 유동성과 지방 균형발전을 추구한 참여정부 부동산 정책이 원인이라고 할 수 있을 것이다. 당시 제2기 신도시 건설과 공공기관 지방 이전에 따른 행정복합도시 및 혁신도시 추진으로 전국의 부동산이 들썩거렸다. 제6차 파동은 2019년~2021년으로 역대 최저금리와 팬데믹 지원금으로 인한 유동성이 주요 원인으로 분석된다. 그때 전국 모든 아파트값이 일제히 급상승했다.

그렇다면 제7차 파동은 언제, 어떤 이유로 오게 될까?

내 개인적인 견해로는 제7차 아파트값 파동은 2025년 하반기에서 2026년경으로 예측되며, 아파트 공급 부족으로 인한 수급 불균형이 주요 원인일 것으로 판단된다. 여기에 추가해 금리하락에 따른 유동성 증가와 아파트값 상승의 학습효과가 더해져 수요가 폭발적으로 증가할 경우, 2021년과 2022년 아파트값 전고점을 돌파해 최고치를 경신할 것으로 예측된다. 단, 서울을 비롯한 수도권이 제7차 아파트값 파동의 주역이 될 것으로 생각된다.

재테크에서 성공확률을 높이는 핵심은 사이클을 이해하고 여기에 투자자의 개인 여건을 고려해 매입 또는 매각 시점을 잡고 적극적으로 실행하는 것이라고 생각한다. 특히 부동산 투자에서 사이클에 따른 매매 타이밍은 행동을 전제로 한다. 좋은 타이밍을 감지했어도 실행하지 않으면 아무 소용이 없다. 그리고 타이밍은 누구의 관점으로 보느냐에 따라 성패가 달라진다. 공급자의 시각, 마케터의 시각, 수요자의 시각에 따라 결과는 정반대가 될 수 있다. 그래서 우리는 타이밍의 주도자가 되어야 한다. 부동산 사이클을 알면 이기는 투자가 가능하다. 언제 사고팔 것인지에 대한 인사이트가 생기기 때문이다.

다만 사이클을 이해하는 것만으로는 투자에 성공하기가 쉽지 않다. 사람은 감정의 동물로, 심리가 작동하기 때문이다.

06
사람들의 욕망과 불안감을 역이용하자

인간은 심리에 의해 크게 좌우되는 존재다. 그래서 전쟁에서도 심리전이 승패를 좌우하기도 한다. 재테크에서도 마찬가지다. 심리적 요인이 재테크에 미치는 영향은 종종 불합리한 투자, 과도한 리스크 추구 또는 과도한 안전 추구로 나타나며, 결국 개인의 자산관리에 큰 변화를 초래한다.

재테크에 큰 영향을 미치는 인간의 심리에는 욕망과 불안감 두 가지가 대표적이다. 나는 부동산 개발과 마케팅 분야에서 오랜 기간 일을 하면서 인간의 욕망이 시장을 어떻게 과열시키는지를 목격했고, 남들이 돈을 벌 때 자신은 뒤처졌다는 불안감에 비상식적인 투자로 힘들어하는 사람들을 수없이 보았다. 반대로 이러한 심리를 이용하는 집단이 있다. 마케팅은 사람들의 욕망과 불안감을 이용해 제품을 팔아 이익을 본다.

재테크의 성공 요인 중 하나는 '인간의 욕망이 어디로 향하는지를 빨리 알아채는 것'이라고 생각한다. 내가 가지고 싶은 것은 모두가 갖고 싶은 것이기에 경쟁이 심하다. 내가 살고 싶은 곳도 마찬가지라는 점에서 서울, 그중에서도 강남의 집값이 비싼 것이다. 이러한 욕망은 자산을 불리기 위한 동기부여가 될 수 있지만, 때로는 과도한 탐욕으로 이어져 무리한 투자를 하거나 고위험 자산에 지나치게 집중하는 행동을 유발하기도 한다.

2000년대 초반 닷컴 버블은 인터넷 기업에 대한 과도한 기대와 투자가 결합된 대표적인 사례다. 많은 투자자가 인터넷이 미래의 중심이 될 것이라는 기대 속에서 관련 주식을 급격히 매입했다. 수익을 추구하는 욕망이 시장에 과도한 낙관론을 불러일으켰고, 실제로 사업 모델이 불명확하거나 수익성이 검증되지 않은 기업의 주식 가격이 폭등했다. 그러나 이내 시장이 붕괴하면서 많은 투자자가 막대한 손실을 입었다. 이는 부에 대한 끝없는 욕망이 비합리적인 투자 결정을 부추길 수 있음을 보여준다.

비트코인 열풍도 비슷하다. 2017년과 2021년 사이, 비트코인의 가격이 급격히 상승하면서 많은 개인 투자자가 빠른 수익을 기대하며 투자에 뛰어들었다. 그러나 빠른 성공에 대한 욕망으로 시장의 변동성을 충분히 고려하지 않고 투자를 하는 경우가 많았다. 가격이 급등할 때 뛰어든 사람들 중 일부는 큰 수익을 올렸지만, 이후 가격이 급락하면서 많은 사람이 커다란 손실을 입었다. 이는 단기적인 수익에 대한 욕망이 투자자에게 어떤 리스크를 가져다줄 수 있는지 잘 보여주는 사례다.

또 재테크에 있어 인간 심리의 불안감도 큰 영향을 미친다. 인간은 자신이 다른 사람보다 더 많은 자산을 가지길 원하며, 타인과의 비교를 통해 만족감을 얻는다. 하지만 대다수는 비교우위에 서지 못했다는 열등감을 넘어서 자신도 빨리 부자가 돼야겠다는 초조함과 불안감을 가지게 된다. 이는 종종 타인의 투자 성공 사례를 보고 동일한 방법으로 큰 수익을 기대하게 만들며, 이러한 심리적 동기는 충동적인 결정을 유도할 수 있다.

특정 지역에서 부동산 가격이 급등할 때, 사람들은 주변의 성공 사례를 보고 비슷한 수익을 기대하며 부동산 시장에 뛰어들게 된다. 예를 들면, 한국의 2020년 부동산 시장에서 서울과 수도권 지역의 아파트 가격이 폭등하자 많은 사람이 뒤늦게 대출을 받아 투자 메리트가 거의 없는 고가의 하이엔드 오피스텔 투자에 나섰다. 이들은 주변 사람들이 부동산으로 큰 수익을 얻는 것을 보고 자신도 같은 방식으로 부를 축적할 수 있을 것으로 생각했다. 하지만 2022년 급격한 금리 인상으로 시작한 집값 하락을 비롯해 과잉 공급으로 공실이 급증한 고가 하이엔드 오피스텔의 자산가치가 급격히 하락하면서 상당수의 투자자가 대출 상환 부담과 잔금 미납으로 큰 어려움을 겪게 되었다. 이는 타인과의 비교에서 비롯된 불안감이 얼마나 강력하게 작용할 수 있는지 보여주는 사례다.

그렇다면 인간의 심리를 역이용해 투자에 성공하는 방법은 없을까? 재테크에서 인간의 욕망과 불안감을 활용해 수익을 창출하는 방법은 투자 시장에서 자주 볼 수 있는 전략이다. 이는 심리적 요인을 분석해 투자자의 감정에 기반한 비합리적인 행동을 예측하고, 이에 대응하는 방식으로 수익을 얻는 것이다.

인간은 시장이 불안정할 때, 즉 불안감이 커질 때 비이성적인 결정을 내리기 쉽다. 부동산이나 주식시장에서 큰 하락이 발생하면 투자자들은 공포에 휩싸여 급히 자산을 매도하는 경향이 있다. 반대로 시장이 상승세일 때는 욕망에 따라 자산을 과대평가하고 추가 매수를 하며 가격 거품을 형성하기도 한다. 역발상 투자(Contrarian Investing)는 이러한 심리를 역으로 활용하는 전략이다. 투자자들의 욕망(부를 축적하려는 열망, 빠른 수익을 얻고자 하는 기대)과 불안(손실에 대한 두려움, 기회를 놓치는 것에 대한 공포)을 효과적으로 활용할 경우, 매매 타이밍이나 투자 전략을 최적화할 수 있다.

역발상 투자는 투자자들이 공포에 빠져 매물을 내놓을 때, 즉 시장이 침체되고 불안감이 극대화되었을 때 저가 매수를 통해 장기적인 수익을 기대하는 전략이다. 부동산 시장에서 경기가 침체되고 매매가 활발하지 않으며, 대중이 주택 가격 하락을 우려해 매도할 때, 이는 오히려 기회가 될 수 있다. 불안감 활용은 부동산 시장이 과열되었을 때, 많은 사람이 상승 기회를 놓칠까 하는 불안감을 느끼며 가격이 오를 것이라는 기대감에 비싼 가격에 매입하는 것을 기회로 활용하는 것이다. 2007년과 2021년부터 2022년 상반기의 아파트 가격 전고점에 매수한 것을 말한다. 반대로 시장이 침체될 때는 투자자들의 불안감이 극대화되며 손실을 우려한 급매물이 나오는 시점이 있다. 이러한 심리 상태를 읽고 시장의 저점을 파악해 매수하는 전략이다.

따라서 공급자는 이러한 인간의 욕망과 불안한 심리를 이용해 마케팅으로 활용한다. 예를 들어 "지금 사지 않으면 더 이상 이 가격에 구매할 수 없다"는 식의 문구로 급매나 할인된 가격을 부각시켜 구매를 촉진할 수 있다.

2020년부터 2021년까지 서울지역의 아파트 가격이 급등하던 시기, 많은 사람이 "이제 더 오를 수밖에 없다"는 심리에 사로잡혀 큰 대출을 받으면서까지 주택을 매입했다. 정부의 각종 규제에도 불구하고 시장에는 "지금 사지 않으면 영원히 기회를 놓친다"는 FOMO(고립 공포감) 심리가 퍼졌다. 서울, 특히 강남 지역 아파트는 한정된 공급과 학군, 인프라 등으로 인해 고급 자산으로서의 가치가 꾸준히 강조되었으며, 부동산 중개업자들은 이러한 요소들을 활용한 마케팅을 통해 수요를 더욱 자극했다. 또 공급이 제한적인 하이엔드 주거상품이나 희소성이 높은 토지 매매에서 이런 방식이 자주 사용된다.

  이처럼 사람의 심리는 재테크에서 중요한 변수로 작용하며, 자산관리와 증식에 직결되는 의사결정 과정에 깊이 관여한다. 따라서 성공적인 재테크를 위해서는 앞서 말한 인간의 심리적 함정을 인식하고, 이를 통제할 수 있는 전략을 세우는 것이 중요하다. 감정이 아닌 이성적이고 장기적인 관점에서 재테크를 실행함으로써 더 나은 재정적 미래를 설계할 수 있을 것이다.

07
풍선효과로 인한 투자의 이동을 사전에 파악하자

정부의 부동산 정책이 발표될 때마다 언론에 함께 언급되는 단어가 있다. 바로 풍선효과다. 풍선효과란 경제나 정책, 특히 투자시장에서 특정 분야나 지역을 규제하면, 다른 곳에서 그 규제의 효과가 나타나는 현상을 의미한다. 풍선을 한쪽에서 누르면 그 반대쪽이 부풀어 오르는 것처럼, 규제나 압박을 가하면 그것이 다른 곳에서 터지거나 반작용으로 나타나는 모습을 비유적으로 설명한 개념이다. 이 현상은 주로 부동산 시장에서 많이 언급되며, 정부가 특정 지역의 부동산 가격을 안정시키기 위해 규제를 강화하면, 다른 비규제 지역으로 투자수요가 몰리면서 해당 지역의 가격이 상승하는 현상을 말한다.

풍선효과는 단순히 정책의 부작용이 아니라 투자자들의 자본이 효율적으로 이동하는 방식의 결과로 해석할 수 있다. 따라서 그 발생 원인에 대해서 알아볼 필요가 있다. 풍선효과는 주로 정책 규제, 세금 제도, 그리고 경제적 압박으로 인해 발생한다. 몇 가지 구체적인 원인을 살펴보면 다음과 같다.

정부의 부동산 규제다. 정부가 특정 지역의 부동산 가격을 잡기 위해 대출 규제, 세금 인상, 거래 제한 등을 도입하면, 그 지역에서 투자하기 어려워진 수요자들이 다른 비규제 지역으로 투자처를 옮긴다. 이는 투자수요의 이동으로 인해 풍선효과가 발생하는 주요 원인 중 하나다.

또 금리 변동이 풍선효과를 불러오기도 한다. 금리가 오르면 대출 상환 부담이 커져 투자 심리가 위축되지만, 일부 지역이나 자산군은 금리 영향을 덜 받거나, 반대로 금리 인하에 따라 특정 자산군으로의 자본이 집중되기도 한다. 이로 인해 규제되지 않은 지역이나 대체 투자 자산으로 자본이 쏠리게 된다.

그리고 심리적 요인이다. 투자자들은 가격이 급등하는 지역이나 자산에 대해 이를 놓치지 않으려는 불안감과 욕망으로 새로운 투자 기회를 찾는다. 이러한 심리적 변화 역시 풍선효과를 유발하는 중요한 요소다.

결과적으로 풍선효과를 잘 이해하면, 투자자는 특정 자산군이나 지역에서 규제나 압박이 가해질 때 대체 투자처를 찾아 수익을 극대화할 수 있다. 다음은 풍선효과를 투자 전략에 활용하는 방법과 사례다.

<u>우선 저평가 지역 또는 자산군이 무엇인지 분석한다.</u> 풍선효과는 투자수요가 특정 지역이나 자산군으로 이동하게 되면 자연스럽게 발생한다. 따라서 과도하게 규제를 받지 않으면서 아직 저평가된 지역이나 자산군을 미리 분석하고 가격이 오르기 전에 투자하는 것이 중요하다.

<u>다음은 비규제 지역을 선점하는 것이다.</u> 특정 지역에 부동산 규제가 강화되면, 투자자들은 빠르게 비규제 지역으로 이동할 가능성이 높다. 투자자는 이를 예측하고, 규제가 강화되기 전이나 초기에 비규제 지역의 부동산을 매입해 후속 가격상승에 따른 시세차익을 노릴 수 있다. 이를 보여주는 사례로 2017년 8월 세종시를 투기과열지구로 규제하자 대전광역시로 투자수요가 이동해 아파트 가격이 상승하고, 2020년 6월 대전을 규제지역으로 묶자 청주와 천안시로 투자수요가 몰려 일시에 미분양이 감소하고 아파트 가격이 상승한 현상을 들 수 있다.

<u>마지막으로 대체 자산 투자다.</u> 주식, 채권, 암호화폐 등 다양한 자산군에서 풍선효과가 나타날 수 있다. 예를 들어, 주식시장이 과열되어 정부의 규제가 강화되면 투자자들은 채권, 금, 암호화폐 같은 대체 자산으로 이동할 수 있다. 따라서 투자자는 특정 자산군에 대한 정부 정책 변화를 주시하고, 대체 자산군에 사전

투자함으로써 풍선효과를 활용할 수 있다.

특히 부동산 시장에서는 풍선효과가 자주 나타난다. 정부가 특정 지역의 부동산 가격을 안정시키기 위해 규제를 도입하면, 규제를 피해 다른 지역으로 자본이 몰려 그 지역의 부동산 가격이 급등하는 현상이 발생한다. 대표적인 한국 부동산 시장 사례는 다음과 같다.

2018년 서울 부동산 가격이 가파르게 오르자 정부는 대출 제한, 종합부동산세 인상, 다주택자 양도세 중과 등 강도 높은 규제를 도입했다. 이로 인해 서울의 부동산 투자 여건이 악화되면서 많은 투자자는 상대적으로 규제가 적었던 경기도 외곽 지역으로 눈을 돌렸다. 그 결과 김포, 파주, 화성 등 수도권 외곽 지역의 부동산 가격이 급등하는 풍선효과가 나타났다.

또 주택시장이 규제로 인해 압박을 받으면서 투자자들은 비교적 규제에서 자유로운 오피스텔과 지식산업센터, 생활형 숙박시설, 상가 투자로 이동했다. 이는 특히 2020년대 중반에 두드러졌는데, 주택담보대출 규제와 함께 다주택자들에 대한 세금 부담이 커지면서 부동산 규제가 덜한 임대수익형 상품이 대체 투자처로 주목받았다. 일시적으로 상업용 부동산 거래가 증가한 것도 이 같은 풍선효과 때문이다.

풍선효과는 재테크 불변의 법칙 중 하나로, 규제나 정책이 한쪽을 누를 때 다른 쪽에서 그에 따른 변화가 발생하는 현상이다.

투자자는 이러한 현상을 잘 이해하고, 정책 변화를 분석함으로써 자본이 이동하는 방향을 파악할 수 있다. 풍선효과는 특정 시장에 규제가 들어서면, 그 규제를 피한 다른 시장에서 기회가 발생하는 것을 의미하므로 이를 적극적으로 활용해 투자 전략을 세우는 것이 중요하다. 부동산뿐 아니라 다양한 자산군에서도 풍선효과는 나타날 수 있으며, 이러한 자산 이동을 예측하고 선제적으로 대처하는 것이 성공적인 투자로 이어질 수 있다. 풍선효과를 이해하는 것은 시장변화 속에서도 기회를 찾을 수 있는 강력한 도구가 될 수 있다.

08
인플레이션 시기에는 자산시장에 투자해 인플레이션을 방어하자

2024년 8월 18일 MBN 뉴스에 따르면 서울지역의 민간 아파트 평균 분양 가격이 6년 사이에 두 배가 뛴 것으로 나타났다. 왜 분양가는 계속해서 오르는 것일까? 이유는 건설 원가 상승에 있다. 이는 물가상승이 주요 원인이며, 인플레이션으로 이해할 수 있다. 성공적인 재테크를 위해서는 인플레이션에 대한 정확한 이해가 필요하다.

   인플레이션은 경제에서 물가가 전반적이면서 지속적으로 상승하는 현상을 말한다. 이는 화폐 가치가 하락해 동일한 금액으로 구매할 수 있는 상품과 서비스의 양이 줄어드는 것을 의미한다. 인플레이션은 보통 소비자 물가 지수(CPI)를 통해 측정되며,

경제 성장, 통화 공급, 수요와 공급의 불균형 등 다양한 원인에 의해 발생하게 된다. 적정 수준의 인플레이션은 경제 활성화에 긍정적인 영향을 미칠 수 있지만, 지나치게 빠른 물가 상승은 개인과 기업의 구매력 저하, 투자 불확실성 증대, 경제 전반의 불안을 초래할 수 있다.

그렇다면 인플레이션은 재테크와 어떤 상관관계가 있을까?

재테크에서 인플레이션은 매우 중요한 요인으로 작용한다. 인플레이션이 발생하면 화폐 가치가 하락해 현금을 보유하는 것만으로는 자산가치를 유지할 수 없게 된다. 이때 투자자들은 자산가치를 보호하고 증대시키기 위해 다양한 투자 전략을 모색한다. 인플레이션은 각 자산군에 상이한 영향을 미치며, 이를 효과적으로 이해하고 대처하는 것이 재테크의 핵심이 된다. 인플레이션은 다음과 같은 변화를 가져온다.

첫 번째, 현금의 가치 하락이다. 인플레이션이 발생하면 화폐의 구매력이 감소하기 때문에 현금을 보유하는 것만으로는 자산의 가치를 지킬 수 없다. 따라서 투자자들은 인플레이션에 대처하기 위해 현금 대신 자산에 투자해 그 가치를 보호하려 한다.

두 번째, 부동산, 주식, 금과 같은 실물 자산의 가치 상승이다. 인플레이션이 발생하면 실물 자산의 가격도 함께 오르는 경향이 있다. 그 이유는 실물 자산이 화폐 가치의 하락을 상쇄할 수 있는 기능을 하기 때문이다. 부동산이나 금, 혹은 기업의 실질 자산이 많은 주식에 대한 수요가 증가하는 이유가 여기에 있다.

세 번째, 채권과 고정 수익 자산의 약세다. 고정된 수익을 제공하는 채권은 인플레이션에 취약하다. 채권이 지급하는 이자가 고정되어 있기 때문에 물가 상승에 따라 실질 이자율이 감소해 투자 가치가 떨어지기 쉽다. 따라서 인플레이션 시기에는 채권 대신 주식이나 실물 자산에 투자하는 것이 유리할 수 있다.

그렇다면 재테크 측면에서 인플레이션에 대처하는 방법은 무엇일까?

인플레이션 시기에는 자산을 보호하고 증가시키기 위해 적절한 전략을 수립해야 한다. 다음은 인플레이션 상황에서 주식 및 부동산 투자자들이 고려해야 할 몇 가지 전략이다.

인플레이션이 발생하면 기업의 제품과 서비스 가격도 상승하게 되며, 특히 필수 소비재나 에너지, 원자재 관련 기업들은 물가 상승에 대한 영향을 덜 받는 경우가 많다. 따라서 인플레이션 시기에는 이러한 산업에 속한 주식에 투자함으로써 물가 상승에 따른 자산가치를 유지할 수 있다. 미국의 경우 TIPS(Treasury Inflation-Protected Securities)와 같은 물가연동채권은 인플레이션에 연동된 수익을 제공하므로 물가 상승이 클 때 채권 가치도 함께 상승한다. 이는 채권을 인플레이션에 대한 방어 수단으로 사용하고자 하는 투자자들에게 유용한 방법이다.

인플레이션 시기에는 단일 자산군에 집중투자하는 것보다 다양한 자산에 분산투자하는 것이 리스크를 줄이고 수익을 극대화할 수 있는 전략이 된다. 주식, 부동산, 원자재, 채권 등 여러 자산군에 투자함으로써 인플레이션으로 인한 특정 자산군의 가격 변동을 상쇄할 수 있다.

부동산은 인플레이션 시기에 비교적 안정적인 투자처로 꼽힌다. 물가 상승에 따라 부동산 가격도 상승하는 경향이 있기 때문이다. 또한 부동산은 자산 자체의 물리적 가치가 있으며, 임대 수익도 물가와 연동되어 상승할 가능성이 높다. 인플레이션 시기에는 물가 상승으로 건축 비용과 토지 가격이 함께 오르기 때문에 기존에 보유한 부동산의 가치도 상승하는 경향이 있다. 그리고 인플레이션으로 인해 현금의 가치가 하락하면서 투자자들이 상대적으로 안전하다고 판단되는 부동산으로 자본을 이동시키기 때문에 수요 증가로 인해 가격이 더욱 오를 수 있다. 물가가 상승하면 생활비와 함께 임대료도 상승하는 경향이 있다. 특히 상업용 부동산의 경우, 인플레이션에 따라 계약 갱신 시 임대료를 조정할 수 있어 투자자는 인플레이션 상황에서도 안정적인 현금 흐름을 유지할 수 있다.

인플레이션 시기에는 대출을 이용한 레버리지 전략도 효과적일 수 있다. 인플레이션이 발생하면 화폐 가치가 하락하기 때문에 고정금리 대출을 받은 투자자는 시간이 지남에 따라 실질적인 부채 부담이 줄어들게 된다. 이는 부동산 투자에서 인플레이선을 방어할 수 있는 중요한 방법 중 하나다.

　최근 몇 년간의 인플레이션 사례로는 2020년대 초반이 있다. 공사비를 비롯한 원자재와 공산품, 서비스, 농수산물 등에서 가파른 물가 상승이 나타났다. 코로나19 팬데믹으로 인해 글로벌 경제가 침체되었음에도 저금리 기조와 유동성 확대, 정부의 경기부양책으로 인해 자산 가격이 폭등했기 때문이다. 특히 서울을 중심으로 한 한국 부동산 시장에서도 급격한 가격 상승이 나타났다. 많은 투자자가 인플레이션을 대비해 부동산을 매입해 자산가치를 보호하려는 심리가 강하게 작용한 결과였다.

　인플레이션은 재테크에서 중요한 변수로 작용한다. 인플레이션 시기에는 현금 가치가 하락하기 때문에 투자자들은 자산가치를 유지하고 증대시키기 위해 실물 자산이나 주식, 부동산과 같은 투자처를 찾게 된다. 특히 부동산은 인플레이션 시기에 강력한 방어 자산으로 기능하며, 물가 상승에 따른 자산가치 상승과 임대수익 증대를 기대할 수 있다.

　그래서 투자자들은 인플레이션을 무조건적인 위험으로 인식하기보다 이를 활용해 자산을 증대시킬 수 있는 기회로 받아들일 필요가 있다. 다양한 자산군에 투자해 리스크를 분산하고, 인플레이션 방어 자산에 대한 전략적 접근을 통해 자산 증식의 기회로 전환할 수 있다.

09
부동산 투자 시 반드시 4가지를 확인하자

부동산 투자의 핵심은 타이밍과 수익률이다. 타이밍은 언제 매수해 언제 팔아야 하는지 그 시점을 알고 행동하는 것이다. 수익률은 가장 적은 투자금으로 가장 비싼 가격에 팔아 자기자본 대비 높은 투자 이익을 남기는 것이다. 다시 말해, 부동산 투자에서 타이밍은 부동산 사이클로 이해할 수 있고, 투자자 개인적 자본 환경(투자에 필요한 가용 자금이 얼마인지, 이사 시점, 급한 자금이 필요할 때 등)에 영향을 받는다.

그리고 수익률은 투자 지역과 투자 물건에 영향을 받는다. 부동산 투자에 있어 수익률을 높일 수 있는 방법은 계약금 10%로 내 집 마련이 가능한 아파트 청약 당첨과 미분양 또는 분양권 투자가 있고, 가장 보편적인 전세금을 활용한 갭투자가 있다.

부동산 투자 시 중요한 4가지 검토 항목은 다음과 같다. '부동산 정책, 시장, 상품, 타이밍.'

이 4가지 요소는 부동산 투자를 고려할 때 변하지 않는 가장 핵심 사항이다. 이들 중 가장 중요한 것은 '타이밍'이라 할 수 있다. 그리고 두 번째가 상품이다. 어떤 상품을 언제 사서 언제 파느냐가 부동산 투자의 전부라는 말이다. 정책과 시장은 계속해서 변한다. 그렇다면 당연히 변화에 대응해서 투자수익률이 높을 것으로 예상되는 상품을 선정해 투자 시점을 잡으면 된다.

하지만 말처럼 쉽지 않은 것은 이들 4가지 검토 요소가 상호 보완적이라는 것이다. 하나가 변하면 다른 3가지 요소에 영향을 미치고 변화를 만들어낸다. 그래서 부동산 투자 시 검토 요소 4가지를 자세히 분석해보았다.

1. 정책

정부의 부동산 정책은 2가지 패턴을 보인다. 시장이 좋을 때는 규제 정책, 불황일 때는 활성화 정책을 계속해서 반복한다는 것이다. 정부가 부동산 규제 정책과 활성화 정책을 통제하는 데는 크게 4가지를 활용한다. '금리 및 대출', '세금', '규제지역', '공급'이다.

예를 들어 부동산 시장이 너무 과열되어 규제가 필요하다고 판단되면 정부는 담보대출 금리를 올리거나, 대출 비율과 가능 여부에 규제를 강화한다. 여기에 거래세(양도소득세)와 보유세(재산세, 종합 부동산세) 등을 올려서 수요를 억제한다. 또 투기지역 및 투기과열지구처럼 규제지역을 확대한다. 또 활성화가 필요할 때는 대규모 택지개발 또는 그린벨트를 풀거나, 재개발 재건축 규제를 완화해 주택 공급을 늘린다.

부동산 시장의 과열 정도에 따라 이들 4가지를 단계별로 사용하기도 한다. 이는 과거 정부에서부터 현 정부까지 50년 넘게 반복해온 패턴이다. 따라서 나는 부동산 투자 시 정부 부동산 정책을 크게 고려하지 않는다. 언제나 선제적으로 대응하지 못하고 문제가 곪아 터질 때쯤 대책이 발표되어 시장 변화에 후행하기 때문이다. 부동산 상승장에서는 대책을 수십 차례 발표해도 상승했고, 몇 년만 버티면 규제를 다 풀어주고 오히려 다주택자에게 혜택을 주거나 부동산 투자(거래 활성화)를 장려했다. 모든 정부는 부동산 가격의 완만한 상승을 원하기 때문이다.

예를 들면 다음과 같다. 2015년에는 "빚내서 집 사라"는 분위기였다. 그 당시 전국 미분양아파트는 6만 1천 5백여 세대로 전년 대비 약 52%가 증가했다. 이에 정부는 부동산 활성화 대책으로 '취·등록세 완화', '대출 규제 완화', '양도세 감면' 등을 발표했다. 이 시기에 정부의 말을 듣고 다양한 혜택을 이용해 미분양 아파트 등을 매수한 사람은 두 배에서 세 배 이상으로 자산이 상승했다. 아마도 이 시기에 여러 채의 주택을 사서 인생 역전에 성공한 사람들이 있을 것이다.

부동산 시장이 장기간 침체하면서 집을 사면 손해 본다는 심리가 팽배해 주택 거래는 줄고, 미분양은 적체되는데, 전세가는 수년간 상승했다. 아마도 부동산 정책 담당자는 알았을 것이다. 그래서 지금이 집을 살 때라는 것을 국민에게 시그널을 보낸 것이다. 미분양 해소로 공급자도 살리고, 거래 활성화를 유도하며 관련 종사자도 살리고, 국민의 주거권 확보와 자산 증가로 부의 재분배에 기여한 것이다.

이렇게 규제 완화를 통해 매수세를 유도할 때가 있고, 반대로 주택 가격이 너무 올라 버블이 예상될 때는 모든 규제를 가동해 가수요를 막아야 하는 때도 있다.

2023년 1월 정부가 집값 하방을 막겠다는 의지로 보여준 것이 '특례보금자리론'이다. 집값이 너무 올라 자연스럽게 떨어지고 있는데 집값 하락을 막겠다고 정책자금 수십조를 시장에 풀었다. 집값 하락이 멈추고 다시 상승할 경우 누가 이득을 보는가? 다주택자와 대출이자로 이득을 보는 은행들이다.

나는 정부의 부동산 규제가 커질수록 그것을 버블로 가고 있다는 시그널로 판단한다. 그리고 거의 모든 부동산 규제가 해제되고 매매자에게 세제 혜택까지 줄 때가 매수 적기로 판단하고 그렇게 투자해왔다.

경험적으로 정부의 부동산 대책보다는 국제적 대외 변수가 부동산시장에 미치는 영향이 크다는 사실을 알게 되었다. 1997년 IMF, 2008년 세계금융위기, 2020년 코로나19까지 3번의 큰 변곡점이 있었다. 그나마 정부 정책 중에서 내가 참고하는 것은 교통 호재다. 수도권 광역급행철도인 GTX, 수도권 순환도로, 철도와 도로 지하화 같은 교통환경 개선을 참고해 부동산 투자 지역을 선별한다.

2. 시장

모든 시장은 수요와 공급에 따라 가격이 결정된다. 부동산시장도 마찬가지다. 부동산시장의 경우 공급량과 거래 가격 정보는 모두 공개되고 개별적 분석이 가능하다. 그러나 문제는 항상 수요다. 수요량은 정량적이지 않다. 바로 가수요 때문이다. 10명의 신혼부부가 아파트 매매를 위해서 집을 알아본다면 실수요는 10명이다. 그런데 매수할 집을 알아보기 위해서 10곳의 부동산중개소를 들른다. 그러면 매매 수요는 10배로 늘어나 마치 100명이 아파트를 매수하려는 것처럼 착시 현상이 나타난다.

하나 더 예를 들어보자. 서울에 집값이 너무 올라 무주택자의 내 집 마련 기회가 없으니 주택 공급을 늘려야겠다고 서울시에서 재개발 재건축 규제를 풀고 용적률 상향 등 공급량을 대폭 늘리겠다고 발표하면 어떤 현상이 일어날까? 일시에 주택 공급이 많아지면 집값이 내려갈 것을 예상해서 실수요 및 투자수요가 감소해야 한다. 하지만 반대 현상이 나타난다. 프리미엄을 기대하고 너도나도 투자를 희망하기 때문이다. 이것이 가수요다. 일반 제품과 달리 부동산은 공급량과 수요량이 정량적이지 않고 불균형을 이룰 수 있다.

여기에 2024년 2월 5일 자 연합뉴스에 따르면 최근 3년간 건설자재 가격이 35% 넘게 올랐다. 재건축 재개발 단지의 사업성이 낮아져 사업 진행을 하지 못하거나 연기된 곳이 많아 신규 주택 공급량은 더 감소할 것이다.

부동산 수요는 유동성이 좌우한다. 유동성은 금리와 대출의 영향을 많이 받는다. 서울을 비롯한 수도권의 집값은 금리에 민감하고, 지방의 집값은 수급에 민감하다. 그렇다면 투자자로서 우리는 부동산 시장을 어떻게 받아들여야 할까?

부동산 시장은 다양한 변수에 의해서 변하기 때문에 주택 공급 데이터를 분석해 2~3년 후를 전망하고, 수요가 증가될 만한 개발 호재지역을 선별해 가격이 상대적으로 덜 오른 저평가 지역 및 상품을 선택해 투자하는 것이 시장을 이용하는 부동산 투자 불변의 법칙이라 할 수 있다.

3. 상품

일반적으로 부동산 투자 상품은 2가지로 분류한다. 주거상품과 비주거 상품이다. 주거상품은 아파트로 구축과 신규분양 모두를 포함하며, 도시형생활주택, 주거형 오피스텔이 있다. 비주거 상품은 수익형 상품이라고도 한다. 원룸, 상가, 생활형 숙박시설, 지식산업센터, 섹션오피스, 꼬마빌딩을 포함한다. 주거상품은 수급에 민감하고, 비주거 상품(수익형)은 금리에 민감하다.

2022년과 2023년처럼 금리가 높은 시기에는 대출이자가 늘어 투자수익률이 하락한다. 따라서 매매가도 하락한다. 인터넷 쇼핑과 택배, 음식 배달과 같은 언택트(비대면) 비중이 커지면서 상가 공실이 급증하고 있다. 주거상품은 시세 차익형으로 인기가 높고, 비주거 상품은 임대수익을 목적으로 투자하는 경향이 크다.

결과적으로 자기자본 대비 투자수익률이 높은 상품에 투자하는 것이 가장 좋은 방법이다. 부동산 상품은 정부의 규제를 피해서 또는 트렌드 변화에 따라 진화되고 새롭게 출시된다. 생활형 숙박시설과 섹션오피스가 그런 예다. 비주거 즉, 수익형 상품 투자 시 운영수익과 매각 차익을 함께 고려하고 최종 투자수익률을 예측한 이후 투자 여부를 결정해야 한다.

불투명한 시장에서는 쉬어 가는 것도 또 하나의 재테크다.

4. 타이밍

부동산 투자의 타이밍은 "언제 사서 언제 파느냐"가 핵심이다.

다시 말해, 가장 쌀 때 사서 가장 비쌀 때 파는 것이다. 그렇다면 저점과 고점을 어떻게 알 수 있을까?

이를 위해서는 부동산 사이클을 이해해야 하며, 객관적 숫자를 확인해야 한다. 10년 주기설, 어떤 정부가 들어서면 부동산 가격이 오른다거나 떨어진다는 말에 현혹되지 말자. 2008년 금융위기와 2020년 코로나19 펜데믹처럼 갑작스러운 대외 변수를 예측하기는 어렵다.

하지만 금리, 공급물량(인허가, 분양, 입주량), 가격(분양가, 매매가, 전월세가), 수요(인구, 유동성, 개발 이슈), 정부 정책 등은 모두 공개된 자료이며 분석예측이 가능하다. 부동산 분야는 정보 비대칭이 매우 큰 분야에 속한다. 하지만 아파트 매매 및 임대 관련 정보는 대부분 공개되고, 일반인이 쉽게 활용할 수 있다는 장점이 있다.

'인생은 타이밍이다'라는 말은 부동산 투자에도 꼭 맞는 말이다. 부동산 시장의 변화, 개인의 재무 상황, 그리고 삶의 여정에서 타이밍은 성공과 실패를 가르는 결정적인 요소다. 부동산 투자에 있어 타이밍이 중요한 이유는 시장의 흐름을 정확히 읽어내고 적절한 시기에 투자를 결정해야 하기 때문이다.

부동산 시장은 끊임없이 변화하며 호황기와 불황기가 주기적으로 반복된다. 호황기에는 부동산 가치가 상승해 높은 투자 수익을 기대할 수 있지만, 불황기에는 가치 하락과 함께 위험이 증가한다. <u>자금력과 위험 감수 능력이 충분한 시기에 투자를 진행하는 것이 유리하다. 반면 자금이 부족하거나 위험 감수 능력이 낮은 시기에 투자하게 되면 큰 손실을 입을 수 있다.</u>

나는 부동산 투자에서 타이밍에 있어 운이 좋았다. 직장인으로서 10년 차인 2013년에 부동산 투자를 시작했고, 이 시점이 서울 아파트값이 가장 저점이었다. 그리고 2014년부터 상승세로 접어들어 8년간 상승세를 이어갔다. 근로소득과 신용대출로 개인적 재무 상황이 양호했고, 독서를 통한 재테크 공부로 시장 분석과 투자 마인드를 갖추어가는 시점이었다. 절반은 운이고 절반은 노력이다. 앞으로 상승장은 또 올 것이다.

부동산 투자 시 검토 요소

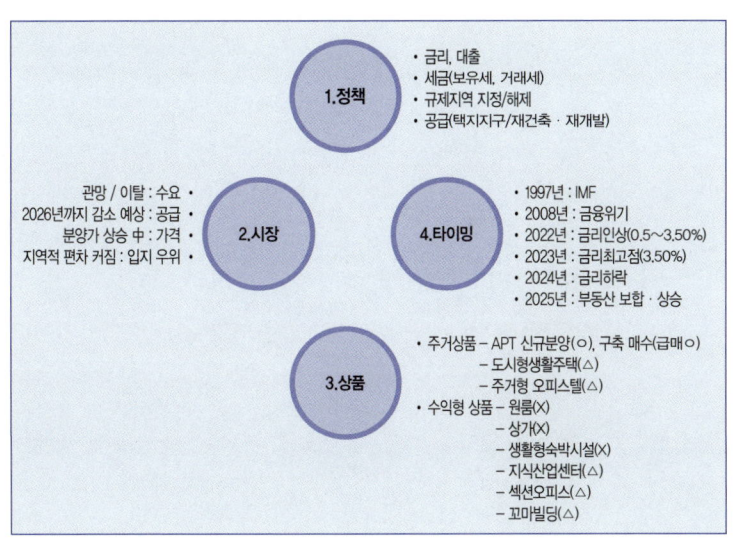

상승장을 대비해 공부와 투자자금 비축을 게을리해서는 안 된다. 그래야 상승장에서 바로 기회를 잡을 수 있기 때문이다.

부록

책 속의 책
LIST

제목	저자	출판사
자본주의	EBS 〈자본주의〉 제작팀	가나출판사
돈의 심리학	모건 하우절	인플루엔셜
돈의 속성	김승호	스노우폭스북스
익숙한 것과의 결별	구본형	을유문화사
그렇게 나는 스스로 기업이 되었다	최윤섭	클라우드나인
파우스트	요한 볼프강 폰 괴테	민음사
우리 카페나 할까	김영혁 외 공저	디자인하우스
나는 돈이 없어도 경매를 한다	이현정	거인의정원
빅데이터 부동산 투자	김기원	다산북스
대한민국 부동산 사용설명서	김학렬	에프엔미디어
제가 살고 싶은 집은	이일훈, 송승훈	서해문집
바닷가 작업실에는 전혀 다른 시간이 흐른다	김정운	21세기북스
아침형 인간	사이쇼 히로시	한스미디어
일독 일행 독서법	유근용	북로그컴퍼니
파서블	김익한	인플루엔셜
친절한 효자손의 티스토리 사용설명서	유길용	e비즈북스
강연의 시대	오상익	책비
독서모임 꾸리는 법	원하나	유유
머니 트렌드 2024	김도윤 외 공저	북모먼트
부동산 트렌드 2024	김경민	와이즈맵
아무튼 문구	김규림	위고
서울 자가에 대기업 다니는 김 부장 이야기	송희구	서삼독

제목	저자	출판사
독서의 기록	안예진	퍼블리온
책들의 부엌	김지혜	팩토리나인
비가 오면 열리는 상점	유영광	클레이하우스
건축가의 공간 일기	조성익	북스톤
오래된 책들의 메아리	바버라 데이비스	퍼블리온
태백산맥	조정래	해냄출판사
칼의 노래	김훈	문학동네
지식인의 서재	한정원	행성B
아무튼, 서재	김윤관	제철소
그 작가 그 공간	최재봉	한겨레출판사
낭만을 찾아 떠나는 소도시 감성여행	염관식, 옥미혜	알에이치코리아
나의 문화유산답사기	유홍준	창비
그리스인 조르바	니코스 카잔차키스	열린책들
자전거 여행	김훈	문학동네
연필로 쓰기	김훈	문학동네
라면을 끓이며	김훈	문학동네
남한산성	김훈	학고재
하얼빈	김훈	문학동네
책, 열권을 동시에 읽어라	나루케 마코토	뜨인돌출판사
이 책은 돈 버는 법에 관한 이야기	고명환	라곰
연금술사	파울로 코엘료	문학동네
삶의 한가운데	루이제 린저	민음사

제목	저자	출판사
메모 독서법	신정철	위즈덤하우스
에디톨로지	김정운	21세기북스
매일 읽겠습니다	황보름	어떤책
고수의 독서법을 말하다	한근태	이지퍼블리싱
배민다움	홍성태	북스톤
아무튼, 달리기	김상민	위고
이렇게 작가가 되었습니다	정아은	마름모
나의 하루는 4시 30분에 시작된다	김유진	토네이도
챗 GPT, 질문이 돈이 되는 세상	전상훈, 최서연	미디어숲
나의 돈 많은 고등학교 친구	송희구	서삼독
원씽	게리 켈러, 제이 파파산	비즈니스북스
호밀밭의 파수꾼	제롬 데이비드 샐린저	민음사
강원국의 결국은 말입니다	강원국	더클
나는 4시간만 일한다	팀 페리스	다른상상
월급쟁이의 첫 부동산 공부	마중물	체인지업
사랑한다고 말할 용기	황선우	책읽는수요일
책으로 시작하는 부동산 공부	레비앙	더디퍼런스
공간의 미래	유현준	을유문화사
어디서 살 것인가	유현준	을유문화사
공간이 만든 공간	유현준	을유문화사
강남의 탄생	한종수 외 공저	미지북스
서울 도시계획 이야기	손정목	한울

제목	저자	출판사
I Hate Running	브렌던 레너드	좋은생각
달리기를 말할 때 내가 하고 싶은 이야기	무라카미 하루키	문학사상
공부란 무엇인가	한근태	샘터
불황에 뜨는 수익형 부동산	고종옥	매일경제신문사
노후를 위해 오피스텔에 투자하라	강승태	황금부엉이
아웃라이어	말콤 글래드웰	김영사
백만장자 메신저	브렌든 버처드	리더스북
영혼의 자서전	니코스 카잔차키스	열린책들
아빠의 첫 돈 공부	박성현	알에이치코리아
돈이 되는 공간	최인욱	파지트
가진 돈은 몽땅 써라	호리에 다카후미	쌤앤파커스
타이탄의 도구들	티모시 페리스	토네이도
어떻게 살 것인가	유시민	생각의길
그대가 본 이 거리를 말하라	서현	효형출판
월든	헨리 데이빗 소로우	은행나무
불변의 법칙	모건 하우절	서삼독
아파트값 5차 파동	최명철	다다원

책 좀 읽었을 뿐인데 부자가 됐다
책에서 배운 부의 공식

초판 1쇄 발행 2025년 8월 28일

지은이 김남일
펴낸곳 보아스
펴낸이 이지연
등 록 2014년 11월 24일(No. 제2014-000064호)
주 소 서울시 양천구 목동중앙북로8라길 26, 301호(목동) (우편번호 07950)
전 화 02)2647-3262
팩 스 02)6398-3262
이메일 boasbook@naver.com
블로그 http://blog.naver.com/shumaker21
유튜브 보아스북 TV

ISBN 979-11-89347-27-7 (03320)

ⓒ 보아스, 2025

* 잘못된 책은 구입처에서 교환해 드립니다.
* 이 책의 저작권은 보아스 출판사에 있습니다. 저작권법에 의해 보호를 받는 저작물이므로 무단전재 및 무단복제, 무단인용을 금합니다.